ようこそ長寿

【著者】
医師・初代厚生労働大臣
坂口 力

【協力】
一般社団法人
日本先進医療臨床研究会

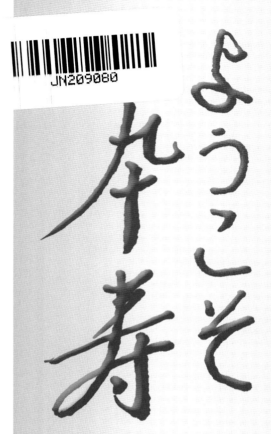

もくじ

はじめの言葉。

「ようこそ卒寿」をかきはじめるにあたり、新しい試みをすることにした。おりからチャットGPTが話題になり、AIで小説をかくことができる、論文もかいてくれる、とつたえられている。

わたしは、一行のなかの漢字を四熟語以内におさえ、ひらがなをおおくして、採用した漢字に光をあたえることにした。また、ところどころに、ひらがなだけの行をつくり、全体として特色のある文章にすることをこころみた。ひらがなは日本で生まれたものであり、たいせつにするひつようがある。

これはまちがいなく、わたしがかいたものであることをしめし、ひらがなと漢字を鮮明にしたつもりである。書くところにより、おなじ言葉を漢字にすることもあれば、ひらがなにしたところもある。ひらがなにしたため、よみにくさがあることや、いみがわかりにくいところがあるなど、マイナスのところもあるが、そのてんは許してもらいたい。一行の漢字をおさえたため、おなじことばでありながら、ひらがなにしたところもあり、また書いた内容を強調するため漢字にしたところもある。ひらがなと漢字のつかいかたで、なにを書きたいか、そのこころを表現したつもりである。

「ようこそ卒寿」の中身については、これからの日本が直面することを取りあげ、わたしの意見をのべた。また、卒寿にはどのような問題があり、どうすればよいかについても、思いを書いたつもりである。さらに、いままで自然と人に恵まれてきたこともふりかえり、そのときどきの感想をしたためた。

そつじゅ、とはなにかをかんがえながら、ここまでいきられたことにかんしゃする。これからしゃかいでやくだつことはなにかについてもかんがえた。おせわになるだけのまいにちであってはならない。せわをかけず、じぶんでいきるどりょくがだいじであり、そのためにはどんなこころがけがひつようなのかについてもかきとめた。ながくいきることを、よろこびにするだけでなく、ひとにつくすこともかんがえなければならない。それは、ながくいきたもののつとめである。くにやしゃかいも、それにふさわしいしくみにするひつようがあり、なにをどのようにかいかくするか、についてもおもいをのべた。

これからさきは、まだながいかもしれない。そのことをわきまえて、たのしさをかみしめ、いきるどりょくをつづけるかくごである。くにぜんたいとしても、こうれいかすることにより、くにのちからをよわめてはならない。つよいくにづくりにむすびつく、こうれいかしゃかいをどのようにつくるか、かんがえをまとめなければならない。せかいがちゅうもくしているのだ。

強い国つくりをどうするか。むずかしい問題にたちむかうことになるが、日本がいちばん考えなければならないことであり、いままでは存在しなかった部分である。高齢化社会ですべての分野がよわくなるなかで、ぜんたいを強くするほうほうはあるのか。知恵をしぼったのがこの書であるといえる。ご批判いただきたい。

1．卒寿をこえて見えるもの。

あ

＊ようこそ卒寿。

九〇年前の話といえば、だれでも遠い昔のことのように、おもうにちがいない。しかし、それは私のうまれた年なのだ。若い人からみれば、そんな昔に？　とおもうことだろう。お世話になったひとびとにお礼をいいながら、卒寿でなければできないことを、探しもとめている昨今である。

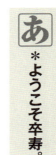

人間社会は助けあいの日々であり、助けてもらうだけで、いきているわけにはいかない。若いときに頑張ったから、これからはお世話になるだけでよいのだ、というひともいるだろう。しかし、みんながそうおもうわけにはいかない。動けないひとはそれなりのお世話になるとして、動けるひとはできるだけの仕事をしなければならない。

卒寿をむかえたものは、みんなが介護は当然、ではすまされないとおもうがどうだろうか。九〇は七〇よりも多くの経験をかさねてきた。積み重ねたものがおおければ、それをどう使いこなすかであり、それなりの役にたてるものとおもわれる。経験がものをいう社会であり、それをどうつかうかである。ひきこもっているのではなく、たちあがり、はげまなければならない。

それができるためには、体を鍛えておくひつようがあり、働きすぎず休みすぎず、の生活がだいじである。とくに年をかさねてからは、ほどほどの仕事量をまもることであり、そのなかで積み重ねたものをひきだすことだ。はばのひろい視野からものをかんがえ、行き詰まった問題を解決しなければならない。このような仕事は卒寿をむかえたひとにふさわしいものだとおもわれる。

芸術文化でもすばらしい作品をつくりあげているひとがおおい。

わたしの知っているひとのなかにも、朝日俳壇で特別賞をとった女性がいる。すばらしい句でひとびとに感動をあたえている。ともだちなどにも波紋をひろげているが、だれにもできることではない。長年の積み重ねから滲みでたものである。習字のすばらしいひともそんざいする。そのひと独特の味わいが表現され、見るひとはしばらくその場をはなれようとしない。ひとをひきつける字を書くことが、これほど感動をあたえるとはおもっていなかった。ひきつけられたひとは、じぶんも何かをやりたい、という気持ちを持つようになる。

やがて後期高齢者芥川賞や俳壇賞が登場するものとおもわれる。

げんきなひとのなかには、ゴルフなどを楽しむひとがいて、スコアの落ちない高齢者もそんざいする。さすがにスポーツは体力がいるだけに、打ち込むひとはすくない。

わたしは各種企業への助言をおこなっている。どの方面の仕事がのびるか、つねにかんがえ書物をみている。それぞれの専門分野をみながら、わたしの意見をのべているのだ。免疫治療をおこなっている医療機関がある。いままでは免疫細胞を体外にだして増殖していた。それをふたたび体内にもどして治療していたのだ。しかし、かならずしも好結果をえられず、頓挫していた。わたしは提言している。免疫細胞を体外で増殖するのではなく、体のなかで増やすことをかんがえるべきではないか、と。すると、それを半ば実現したサプリメントがでてきたのだ。わたしはそれを取り寄せ実体験してみた。たしかに変化があり、わたしの症状は改善したのである。からだのなかで増やす方法は威力がある。もっと大々的におこなうことができるはずである。わたしはつよく改善を申し入れた。

知人のなかに化粧品を製造販売しているひとがあり、そのみちでは立派な成功者である。ところがその液体を使用して、べつのはたらきを世に出したいというのである。養殖魚にその液体をうすめてあたえると、稚魚が死なずおおきな効果がでるという。それが国会でもとりあげられ、国でも採用されるのではないかという喜びのメールであった。わたしはすぐに提案した。国でとりあげられたとき、その液体にどんな資格があるのかが問われることになる。薬剤なのか、それとも飼料補助剤なのか、なにの資格もなかったときには、中止になってしまう。急いで対策を講じるように提案した。

りっぱな製品であっても、資格がないために採用されないことは、よくあることである。コロナ流行時、安くてウイルスや細菌を九九・九％滅菌できる液体があったが、採用されなかったにがい経験がある。医薬品でも健康食品でもなかったからだ。国のさだめた資格をもっていないと採用されないことになる。社長に注意を喚起した。

健康状態を改善するサプリメントを考案したひとがいて、どのようにすすめていくかの相談をうける。「健康を改善する」は薬事法にふれることを指摘した。病名や症状が改善するといわなければよいのではないか、その社長はいうことをきかない。しかし、改善するは、ふれることを例にあげて説明し、ようやく納得してもらう。法にふれるかどうかは役所がきめることであり、聞きいれる以外にない。

高齢者が健康でありつづけるためには、予防とリハビリにつとめることであり、特別な方法はそんざいしない。予防にはすでにかいたように、働きすぎず休みすぎず、がたいせつである。リハビリはいままで回復のためにおこなっていたが、これからは機能低下を防ぐためにもひつようになってくる。筋力の低下を防ぐことが中心になってくるだろう。高齢者はまいにちのうちに機能低下がおこることを、自覚しなければならない。働きが落ちないようにするためのリハビリをおこないながら、健康維持につとめる。それは予防にもつながることである。

介護をすくなくしなければならない。そのためには自身の努力がもっとも大事である。じぶんのことはじぶんでする。ひとをつかわない。それが鉄則である。「おーいお茶」これは広告の文句であり、じぶんはいわないことを、心にきめておくべきである。

社会のためにつくすべきことはないか。わたしのばあい、再生医療に貢献したいとかんがえているが、それはまわりまわって社会につくすことになる。しかし直接的ではない。

健康であれば、自治会の役員などをつとめることは、役立つかもしれない。民生委員もつとまる可能性がある。財政力があれば、大学などへの寄付行為は奨励されることになる。わずかでも、そのきもちがあるかどうかである。少子化で危機に瀕している大学もそんざいする。

こころあるひとの応援がひつようである。

よのなかのあらゆるところにやくだつように、九〇までをすごしたひとは、これからもがんばるにちがいない。やくだつことがいちばんのしあわせだとおもっている。どんなことをすればやくだつか、いつもかんがえているのだ。ゆきかうひとにこえをかければ、やくだつことだとおもえば、そうすることになるだろう。できることはかぎられているが、それでもなにかをえらびだすにちがいない。かいごサービスをうけるひとがふえるとおもわれるが、リハビリにつとめてたちなおるひともいるとおもわれる。げんきをとりもどすようにこころがけることがだいじである。九〇からのせいかつには、どりょくをするきもちがあるかどうかによって、それぞれのひとのすがたがちがってくる。どりょくをするひとには、びょうきをなおすちからがでてくるものだ。したがって、九〇をすぎたひとにできることには、いきるよろこびをうしなわず、げんきをもちつづけるすがたをしめすことである。そうすれば、わかいひとたちもそれをみならい、どりょくにつとめるものとおもわれる。

　この文章をかいている最中に、わたしは肺炎をおこし入院することになる。わたしは約一ヶ月間あることを悩み、気力にみちた生活でなかったことは事実である。その心の隙間をつくように、肺炎がすすんでいたのである。自覚症状に乏しく、ある日とつぜんに高熱をきたした。

さいわいにして医師の適切な治療により、わたしは元気をとりもどし、この文章を完成させることができた。わたしの免疫力も向上していた。

話は戻るが、ひとの健康は気力にささえられていることを、もっとしらなければならない。気力があれば免疫力を発揮して、健康はたもてるものである。超高齢者には気力の充実したひとがおおい。したがって、卒寿のひとが役立つことには、それぞれのもっている気力を示すことであり、若人はそれをみて、元気をとりもどす。高齢者のなかには書の上手なひとがおおく、それを見ると気力をあたえられるようにおもう。俳句に長けたひともあり、自分も書いてみたいとおもうひとが続出することがある。いずれも気力を与えたことになる。

卒寿のひとにできることはそれだけではない。卒寿のひとが書いた字には、それなりの意味がある。好きな字をかいておくることができれば、喜ばれるにちがいない。むずかしいことではない。それによって自分もまた元気になる。

卒寿のひとには、それなりの苦労があったことは当然である。しかし、いまそれを言わない。それを乗り越えてきた姿をみてもらうことである。苦労をバネにして、未来にむかう姿をみてもらうことによって、若者を励ますことができる。つぎにはどんな山に登りたいか、その気持ちをかたらなければならない。過去に登った辛さをいってはならない。
卒寿になってから、どんな山にのぼることができるか、そんなことを考える年齢ではないと、いわれるかもしれない。しかし、登る山はいくつもあるものだ。卒寿にふさわしい山がある。

1．卒寿をこえて見えるもの。

体に異常があるときには、それにたいする挑戦がかんがえられる。それが良くなれば、これをしたいあれをしたい、との願いがうまれる。わたしであれば、左足の麻痺がなおれば、もういちど自由に東京へでてみたいとおもう。その先には再生医療があり、それをかのうにする医療制度の問題がある。山はけっして低くない。

卒寿でも健康にめぐまれ、ゴルフをするひともおおい。スコアにたいする挑戦もかんがえられる。女性では買物をたのしむひとがすくなくない。そのための資金繰りへの挑戦もかんがえられる。つぎの年金はどう使うか、山は小さくてもそんざいする。

ひとよりも早く起きて食事をする。それをこころがけている女性があり、介護職員に感動をあたえている。ひとに迷惑をかけない生活をかんがえているのだ。登っている山は低いようにみえるが、かなり高いのだ。だれにでもできる話ではない。

ひとはいろいろ、山はいろいろ、登り方もいろいろである。ひとはそのなかから、それぞれの山を選び、それをめざしている卒寿者が存在する。そのときどきの懸命の姿が感動をあたえることになる。

問題は山にのぼりたいという気力であり、卒寿者にはそれをもったひとがおおいということになる。幾山川を乗り越えてきた生活から、ふたたび山にのぼろうとする意欲がうまれるものとおもわれる。気力で九〇までたどりついたといえる。その気力が卒寿者の宝であり、これによって現在がそんざいすることになる。

それをどのように次の世代につたえるか、その役割があることを、自覚しなければならない。宝はひとに与えるためにそんざいする。

これから年々歳々、卒寿から遠ざかっていく。どこまで行くかはべつにして、百寿に近づくことだけはたしかである。八五歳をこえてから生存者数は急激にへり、さらに九〇歳をこえると加速度をましていく。九五歳に到達することのできる生存者数は、今よりふえてもそれほどおおくはならないだろう。

卒寿をすぎてからの五年間は、命との戦いのなかで、きびしいひびをおくることになる。免疫力をたかめて対応することになるが、それでも命は折れやすくなっていく。このときこそ、見事な最後をみせなければならない。

1．卒寿をこえて見えるもの。

ようこそ卒寿。たのしみながらの出発でありたい。つぎの山をみつめながら、気力をうしなわず、役立つことをかんがえつづけて、進んでゆきたい。千里の道も一歩から、そのおもいをわすれることなく、一日一日を大切にしたい。

二〇二一年人口統計によれば、八五歳以上は六六一万人になっているが、九〇歳以上は二六五万人になり、八五歳以上の四〇％となっている。九五歳以上になるとさらにすくなくなり六六万人台となる。それは、九〇歳以上の二五％である。そして一〇〇歳以上は九万人になっている。

卒寿をむかえるひとは五三万人台であり、男性は一六万人台である。

この数字をみてもわかるように、卒寿をむかえたひとが、その後の五年間がきびしい日々であることをしることができる。

免疫力を活性化させなければならない。それによって感染症から体をまもり、基礎代謝を改善して活力をつけるひつようがある。これは現在の再生医療でかのうであり、あとは生活習慣病とのたたかいになる。卒寿者に再生医療をとどけることができれば、統計数字をのりこえて、九五歳ラインを突破することはかのうになるかもしれない。さらに百寿へ近づくことを意味する。

[あ]＊ようこそ卒寿。

医療は急速に進歩をつづけており、おおきなうねりのなかにたっているのが現状である。この数年間でおおきく飛躍するものとかんがえられる。時代は卒寿者にたいして、幸運を運んでいることになる。そういうまわりあわせの時をむかえている。あとは医療制度の問題であり、国の出番である。

さらば、卒寿。こんにちは、百寿。

い　＊乗り越えるために米寿、卒寿はつくられている。

姥捨山のはなしを他人事のようにききながしてきた時期があった。それは無理のないことだと、思う時もあったように記憶している。そしていま、捨てられる側の年齢になって、どうおもうかを書くときが訪れた。

よのなかは、いらないものをすてながら、いきているのだ。ひともおなじようにかんがえれば、どういうことになるか。こうれいしゃは、いらないものかどうか、をとわれることになる。しごとをしない、おかねをあたえなければならない、せわをするひつようがある、そのときどのようにおもわれるかだ。

わかいときに、くるしみながら、よのなかにつくしてきた。だからとしをとってからは、よのなかから、だいじにされるのは、とうぜんである。かんしゃしてもらいたい。こうれいしゃのだいじにされるのは、じゅんおくりである。

高齢者側にもそれなりの言い分があり、若者からみたとき、それがどのように受け止められるかだ。選挙になると、高齢者のひとはまちがいなく投票するが、若者は棄権するものがおおくなる。したがって、政治には高齢者の意見がよりおおく反映される、というひともそんざいするが、さりとて若者の意見も無視されているわけではない。

いままで高齢者の対策が手薄であったため、きんねんになって増額されたことは事実である。六五歳で仕事をきりあげていたひとが、いまでは七五歳でも働いているひとがおおい。それでも平均寿命の延長で、財源は多額になっている。げんざいの高齢者は、経済成長期をささえたひとであり、くるしみながら、よのなかにつくしてきた、それも事実である。

このような高齢者の意見が一方的に非難されているわけではないとおもわれる。それなら姥捨山のかんがえかたは、すべて破棄されているかといえば、そう言い切ることもできない。このかんがえかたを想起させるような親殺しなどの犯罪があとをたたない。

一方において、パラサイトシングル（基礎的生活条件を親に依存している未婚者）が男女ともに増えている。親とおなじにすみながら、食事の用意もしてもらうひとたちは、五〇歳をすぎても独身のままでいる。なかには親の年金にたよっている息子たちもいるのだ。パラサイトシングルが、日本の少子化に影響しているともいわれている。

親を捨てるどころではなくて、一生涯にわたり依存しているこどもたちもいるのだ。世はさまざまである。どこにも統計資料はないが、二〇〇〇年総務省「国勢調査」からみると、親と同居する二〇〜三〇歳代の未婚者は、一〇〇〇万人をこえている。二〇一六年のものをみても、数字は変化していない。年齢的にみても四五〜四九歳のなかで結婚していない同居者が一〇％いることになっている。

親同居を悪いとはいえないが、何がそうさせているのか、調べることがもとめられる。はなしが本論から離れたが、高齢者にたいする気持ちはそれぞれの人によってことなり、幅ができていることがわかる。親たちが病気でくるしんでいる姿をみて、じぶんの将来を想像している若者もすくなくない。それがやさしさに結びついていることもある。社会全体でみれば、ひとつの流れができているわけではない。昔とはことなり、さまざまな家庭環境であることがわかる。

かんがえてみると、ひとはいろいろのいきかたのなかから、としをかさねたあとのすがたをかんがえている。おもいどおりの九〇にたっしたひともあれば、ちがった九〇をむかえたひともあるだろう。おおくのひとは、ここまでいきるとはおもっていなかったにちがいない。しかし、九〇をげんきでのりこえたいという、ひとつのみちあんないにしてきたこともじじつである。九〇をこえたむこうはどんなしゃかいか、ふあんときたいをもって、たちむかおうとしている。

不安と期待、九〇坂のむこうは、どんなところなのか、そう思いながら日々をおくっている。

米寿も卒寿も昔はひとつの到着点であり、そのあとのことまでかんがえてはいなかった。しかし、いまでは乗り越える中間点であり、そのあとをどうするか、前よりも後に重みが移っている。なにがいちばん問題になるのかをかんがえると、動くことのできる体の維持をどのようにつづけていけるかにかかっている。九〇を超えた人をみていると、ある日とつぜんに、いともかんたんに、ポキンと折れるように亡くなっている。体調を崩してから亡くなるまでの期間はみじかいとおもわれる。骨がもろく折れるというが、命ももろく折れるようになっていく。それは自然がそうさせてくれるものと、考えるべきではないだろうか。女性の平均寿命が九〇にちかづいているのも、無関係でないかもしれない。九〇前後までは、動ける体をどのように維持していくかについて、体調管理につとめなければならない。

からだに楽をさせず、動かしすぎず、健康につとめる。それにはやはり、精神力がひつようである。挫けてはならない。

わたしには糖尿病がある。よこになって寝ていると血糖値は上がる。しかし少しでも歩くと、下がっていく。からだに楽をさせると、わるくなるようにできている。鞭をうって動かすとよくなるのだ。すべての病気に共通して、これはあてはまる。楽をさせすぎると悪くなり、動かしすぎても良くはならない。

おとろえるのは体力だけではなく、気力もおとろえる。老人施設などにはいると、食事や薬までのませてくれる。すると朝のむ薬があることもわすれ、飲む意欲もなくなってしまい、毎日あたえられるようになってしまう。

身の回りのことも、じぶんでやる気力がなければ、すべて人まかせになり、心身ともにおとろえていく。忍耐強く介護をすることは、する側からみると、負担はふえるが時間を能率的にすることができる。しかし、してもらう側の能力は、手厚い介護でなくなっていくことになる。

介護をうける側のものにとって大事なことは、できるだけじぶんでやりつづける気力をもつことであり、身の回りのことはひとの世話にならないことを、どこまでつづけられるかである。まず気力をうしなわないことが先であり、体力はあとからついていくことになる。だれも手伝いをしてくれる人のいないほうが、さみしいけれども、気力はもちつづけられる。はげますが、手はださない、そういう介護がもとめられる。

　卒寿の向こう側も、気力のひつようなことは、おなじのようだ。しかし、気力にたいして体力がともなわない世界がまっているとおもわれる。それは、自然の流れである。命も折れやすくなっている。しかし、折れる前に重介護になることは避けたいとおもう。

　ひとそれぞれ、やくにたつこうれいしゃになるには、どうすればよいかをかんがえている。かいごサービスをうけるだけのさいごであってはならない。できることはかぎられているが、みのまわりのことは、じぶんでおこないながら、のこせるものをそれぞれがかんがえる。わたしはどうするか。いましばらくは、かんじゃにつくすいりょうをしたいとおもう。あたらしいいりょうを、やすく、はやく、とどくようにしたい。そして、これからとしをとるひとのために、かんがえていることをかいておきたい。

　わたしは、私の道を行くいがいにない。再生医療をはやく、やすく、ひつようとする人に、とどけられるようにする。当面の目標である。さらに制度として、確立しなければならない。仕事はつぎつぎとうまれてくる。わたしの仕事はじゅうぶんにあるようだ。

　保険診療と自由診療がある。保険をつかえるところと、つかえない医療機関があり、両方をひとつのなかでおこなうことはできないことになっている。混合診療はみとめられていない。患者中心の医療とはいえない。改革する必要がある。これも、わたしの仕事である。保険にみとめられる製品をつくるには、一〇年と一〇〇億円がひつようといわれている。そこからうまれた医薬品を使用する医療機関は、再生医療などのあたらしい治療はできないしくみになっている。保険にみとめられるには、また一〇年待つことになる。はやく、やすく、とはほど遠い話である。

卒寿をのりこえたさきにも、わたしの仕事はのこっているようだ。再生医療のなかには、からだの細胞を活性化させるものがあり、そのなかには脳細胞もふくまれる。すすめられて、わたしもいろいろのあたらしいものを利用しているが、たしかに変化がかんじられる。年齢によって低下していたものがもとにもどるようにおもわれる。わるい左足の運びもよくなっている。おもいだせない単語も、かなり少なくなっている。スケジュールなどをわすれることはすくなくなっている。顔のひふがスベスベする。若返っている気がする。腎機能が低下していることを、いつもチェックされ、この一〇年正常値になったことはなかった。しかし、一〇年ぶりに、大学の血液検査でクレアチニンが正常値になっていた。しかし、まだ血糖値は正常になっていないし、不整脈もなおっていない。すべてが良くなっているわけではないが、たしかにもとにもどった、とおもわれるところが、随所にみられる。ひとにより効果のあるところがことなり、一様ではないが、あきらかに変化がみられる。

わたしが卒寿をのりこえられるのは、このサプリメントにたすけられているところが、おおきいとおもわれる。

人や物にたすけられて、わたしは気力をもちつづけながら、卒寿の坂をこえることになる。峠にたてられた道標であり、これをめざしてきたということができる。その先は、命の折れやすい世界がまっている。はるかさきには、白寿の坂があり、どのように歩きつづけるのか、かんがえなければならない。

気力をもち、あたらしい医療の恩恵をうけやすくして、さらに落ちる体力のリハビリにつとめる。そのなかで、社会に役立つことはなにかをかんがえる。楽しみながら役立つことがあれば、これいじょうのことはない。

国もまた、社会の仕組みを改革しなければならない。いままでからも、社会保障制度はかんがえてきたが、かならずしも高齢者のつかいやすい制度にはなっていない面があり、しかも後期高齢者のあたらしい問題にも対応がおくれている。改革はいそがなければならない。

う　＊卒寿を迎えることは、めでたいことか。

ここまで生きるとは予想もしていなかったと、どのひともおもうにちがいない。卒寿をむかえた、いつわらざる心境である。ありがたいことだと、おもわなければならない。すばらしいことだと感謝しなければならない。

「しかし」とおもう面もあるのだ。体に老化現象はつきまとうことになり、若いときとはちがう日々である。医療、介護にかかることもおおくなり、預金の残額もきがかりになりはじめる。年金はすくない。いまはなんとかなるが、これから先はどうなるか。介護をしてもらうことができるだろうか、心配はかぎりなく増えてくる。

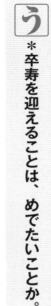

「しかし」のあとは、悲観でうめつくされてしまうことになる。ありがたいと、おもわなければならない卒寿の春は、桜のさきほこるところとはいえない面がある。

女性の平均寿命はやがて九〇歳になるはずであり、仲間はふえてくるにちがいない。男性は八四歳ぐらいで九〇まではとどかないが、それでも長寿者はふえている。八五歳の人口は九五万人前後とおもわれるが、二〇四〇年まではふえつづけ、ピークにたっするといわれている。九〇歳人口は五〇万人で約半分になるとかんがえられている。さすがに九〇歳は、これからも到着しにくい年齢である。

私は岡山駅で転倒した。それまではげんきな毎日であったが、それからはくるしい日々がつづく。転倒は四年前のことである。さいわいにも通りすがりの人が人工呼吸をしてくれた。その人がいなければ、私は卒寿をむかえることができなかった。その人に恩返しをしなければならない。偶然とはいえ、その人が通らなければ、わたしの命はなかったことになる。名前をかたらず立ち去ったその人に、どんなことをして御恩に報いるか、そればかりをかんがえている。

わたしの卒寿には、別な意味で、いきる喜びをかみしめていくことがもとめられている。なにをすれば報いられるか、かんがえつづけてきたが、やはり医学の道で御恩返しをするいがいにない、との結論に達した。

ひとつは再生医療をすこしでも早く、しかも安く、とどけるみちをつくることである。再生医療によって、いままで治らなかったひとが元気になっている。別なところでも書いたが、糖尿病になったひとが、再生医療によって元気をとりもどしている。しかし、高額の医療費をひつようとした。庶民の手にとどく再生医療をかんがえなければならない。げんざい保険適用されている薬剤では、効果がでない病気があまりにもおおすぎる。しかし、あたらしいサプリに効くものがあっても、その発表にはきびしい制限がそんざいする。これではひとびとの手にとどかない。よい方法はないか、検討をかさねている。

保険診療をするところには自由診療はみとめていない。逆に自由診療をしている医療機関には、保険診療をさせないことになっているのだ。あたらしい先進医療はふつうの病院ではうけられないことになっている。東京などでは、自由診療医院がふえてきたが、地方ではそういうわけにはいかないところがおおい。医療は患者中心でなければならないが、政府の方針はそうなっていない。かえすがえすざんねんなけっかになっている。ここに風穴をあける、よい方向をかんがえなければならない。

超高齢者年金制度については、さらば米寿、一路平安の愚著ですでに書いたところであり、もういちど記載することはやめたい。国民年金は少額のため、八五歳から二階建てにすることをていあんしている。

すこしでもプラスになればとかんがえ、安心したひびの訪れをきたいしている。預金額にもおおきな期待をよせることはできなくなり、さみしい生活がつづくこともかんがえられる。

卒寿はめでたいことにちがいはないが、周辺によいことがみちあふれているわけではない。どちらかといえば、きびしい条件がそろっており、心穏やかでないことがいくつもそんざいする。

卒寿坂をのぼりきるにはそれなりの力量をひつようとする。のぼったあとも生活のできる財政力をもつことができ、お世話になったひとへの恩返しのできる能力ももとめられる。さらに生きるための体力もひつようとなる。総合力で坂をのぼることになり、たのしみももとめられ、心身の健康度がためされることになり、さらに前進するための蓄積された財力がとわれる。

卒寿者がふえれば、国も傍観しているだけではなく、それなりにひつような体制をもとめられることになる。政府の統計によると、厚生年金受給者の老後において、高齢無職世帯の必要額をみると、きびしい内容になっている。高齢夫婦無職世帯の月額は二七万円ぐらいになっており、高齢単身無職世帯で一五万円ぐらいになっている。年金中心にかんがえると、老後一〇年間で四〇〇〇万円ぐらいたりなくなるという。二〇年で八〇〇〇万円、三〇年で一二〇〇〇万円たりないことになる。これは高齢夫婦世帯であり、単身世帯では一〇年間で三二五万円、二〇年間六五〇万円、三〇年間九七五万円の不足になる。これは多額の厚生年金受給者のばあいであり、国民年金受給者のときには少額のため、これ以上不足することになる。

高齢者貯蓄額はザクッといえば平均二〇〇〇万円、中央値をみると一〇〇〇万円、無貯金者は一五％になっている。この数字をみると、高齢者の半数以上が少額預金者になっていることになる。

後期高齢者になり、さらに八五歳をこえた人は、貯蓄額がきびしい状況になっていることがわかる。そのひとびとは、ここまでいきるとはおもわなかった人たちであり、よろこび半ばの生活をおくっているにちがいない。なかには、もしも後五年いきることになれば、どうするかと、おもっているひともいるだろう。たのしみをもって、ほがらかな日々がつづくものと、期待していたひともいるだろう。

わたしは、どちらにはいるのかとおもうことがある。わたしには、やりとげなければならないことがある、そのようにじぶんにいいきかせている。がんばるいがいにないのだ。からだをたいせつにして、いきることができれば、恩返しはできるにちがいない。たしかなじしんはないが、どりょくでのりきるいがいにない。

政府はなにをすべきか。国民年金改革についてはすでにのべた。重い介護のひとがふえていることにも対策がひつようである。自己負担をふやしてはならない。後期高齢者医療保険制度にあわせて後期高齢者介護保険制度の創設もかんがえるべきである。

介護保険の財源確保のため、四〇歳からの保険料について、いままでからいわれていたように、二〇歳からにひきあげる改革がひつようである。財源をつくりながら、内容を充実させることがもとめられる。医療の財源をどうするか、消費税、ロボット税などをかんがえるべきだというのが私の意見である。

おおやけのなすべきことは、はばひろい。よさんから、しくみをつくりなおすことまで、さらにはたのしみをあたえることまで、すべてのことをやりとげるひつようがある。ゆきとどまることもあるだろう。うまくすすむこともあるだろう。おおやけのおこなうことは、さまざまなことがつきまとう。しかし、くにのみらいがあるかぎり、すすむいがいにない。どれほどむずかしいことがあっても、たちどまることはゆるされない。

それが政府のしごとだ。

おたがいが助け合うこともともとめられる。自助と公助にだけゆだねるわけにはいかない。互助がひつようなことは、いまさらいうまでもない。公的組織としては、医療保険などの保険組織があり、互助がおこなわれている。しかし、それだけではすまされないだろう。民間保険もあるが、もっと友情にちかいところで、助け合うこともひつようになってくる。

おたがいに声をかけあい、健康をたしかめあうのもそのひとつであり、買物や病院への同伴もたいせつなことである。声かけは大事なことであり、そこから健康はみちびきだされるものとおもわれる。

趣味の会へのさそいもだいじなことで、生きがいのうまれることもしばしばである。足を運ぶことが、いかにだいじなことであるかを、おおくのひとが体験している。歩かないことが、どれほど老化とむすびつくかを学んでいる。歩くことは足の筋肉だけをつかっているようにおもうが、そうではない。体全体の筋肉や神経をすべてつかい、それらの総合力で歩いているのだ。お腹の筋肉がよわくなると、それだけであるきにくいことにむすびつく。お腹と歩くのは、かんけいがないとおもっていたが、そうではなかった。あるくだけでなく、立ち上がるためにもお腹の筋肉はやくだっているのだ。わたしは四肢麻痺をして、はじめてしることができた。お腹の筋肉が改善するまでは、立つことができなかった。

はなしははずれたが、友人と歩くことはたいせつなことであり、精神力の強化にもむすびつく。認知症の予防などにもたいせつなことである。げんきに年をかさねるためには、友情がひつようなのだ。

卒寿を迎えるにあたり、ちかくでおこりそうなことをひろいながら、よりよい長寿にな

う＊卒寿を迎えることは、めでたいことか。

るためにひつようなことをかんがえてきた。ながく生きるということは、それなりに苦労がふえることであり、それをのりこえるために、喜びもうまれることをしることができた。めでたい、とは喜び祝うに値すること、辞典にはそうかかれている。そばからみれば、めでたいことにちがいはない。

はやくなくなるひともいるなかで、ながくいきることができたのは、よろこばしいことではあるが、ほんにんからすればくるしみもふえることになる。わかいときとはことなり、からだのうごきがにぶくなりじぶんでできることがすくなくなる。ひとからたすけてもらうことがふえることを、どのようにおもうかということになる。

助けられることを、喜んでうけいれるか、それとも苦しみにおもうかによって、うけとめはちがってくる。

よろこんで、うけいれるためには、どうすればよいか。手をさしのべてくれるひとに、感謝のきもちをもつことがだいじであり、感謝は喜びにつながる。よろこぶまでにいたらなくても、くるしみにはならないだろう。

感謝は相手に喜びをつたえるものであり、自身にもそれがなければ相手に伝わらない。感謝の気持ちをこころがけ、老後をむかえたいものである。

それだけではない。ながくいきることもかんがえたうえで、わかいときから、老後のことをかんがえ、預貯金をこころがけておかなければならない。金がすべてではないが、それがなければ生活できないことも現実である。預貯金は予想以上にすくなくなるものであり、足りないことはあっても余ることは起こらない。

しかし、いちどにたまるものではない。コツコツとすこしずつが、げんじつである。だれもおしえてくれるわけではなく、じぶんのおもいをこめて、むりなことはさけながら、ためつづけるものである。さらに、ながくいきることをかくごして、つかいすぎないようにしながら、ほそくながくたもたなければならない。しんさつをうけたとき、またはかいごサービスをうけたとき、じぶんもちのぶぶんがあり、ちりもつもればやまとなることを、しっておくべきである。たべやすいものをかうとき、オムツをかうのもじぶんもちである。

気付いたときにはのこりが少額になっていた、と多くの高齢者がかたっている。まだ有る筈だとおもっていると、いつの間にか無くなっている、それが預貯金というものである。多くのものが預貯金からの引き落としになっているから、知らないうちに無くなることになる。高齢者は忘れることがしばしばだ。したがって、引き落としてほしいといわれることがふえてくる。相手側からすれば無理の無い話である。高齢者が販売の対象になることがふえている。なかには多額にのぼる預貯金をもっている人がいるからだ。狙われるといえば聞こえがわるいけれど、結果からみるとそういうことになる。

預貯金管理者の必要なときがくるかもしれない。超高齢社会には、そういう人材を組織的に登用することになるだろう。

そんな時代のくることは、人間社会としてかんがえれば、喜ぶべきことになるはずだ。平均寿命の延長とは、こういう時代をむかえることに他ならない。

人の機能はなだらかに落ちていく。その勾配はひとによりことなるが、平均寿命の延長は、この勾配をできるだけなだらかにすることになる。それは物事を忘れがちなひとを増やしていくことになり、預貯金の管理ができないひとを多くすることになる。こんごはさらに増大する。めでたいかどうかは、人の考え方に左右される。

わたしは、めでたいほうに軍配をあげたい。

卒寿をこえて、その向こう側をあるきはじめる時がくる。「さらば、卒寿」とさけびながら、目指すところは白寿の坂かもしれない。からだをいたわり、気力を充実させて、できるだけ世話をかけないようにしながら、前をむいて進んでいく。社会のために尽くすことはないか、についてもかんがえる。そんな日々でありたい。

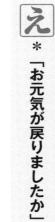

え＊「お元気が戻りましたか」

「お元気ですか」といわれる回数がだんだんと増えてくる。若いときには「仕事はうまく進んでいる?」と聞かれることや、「資金繰りはどう?」とズバリ挨拶されることもあった。しかし年齢を重ねるごとに相手のことばは単調になり、しかも状況をききだすまえに、枕詞のように健康のことが話題になってしまう。「お元気ですか」と問われ、「おかげさまで」「健康だけは守られて」などと答えていたときは気楽であったが、体調に欠陥がではじめ、病気というほどではないが、「健康だけは守られて」と答えることのできない状態になると、どう答えようかと迷うことがある。「まずまずですね」「病気と適当につきあいながら」「健康の大事さがわかるようになりました」可でもなし不可でもなしの曖昧な挨拶をすることがおおくなり、そろそろ健康問題は卒業してほしいと思うようになる。

七五歳をこえて後期高齢者になり、わたしのように米寿を迎えるようになると、さすがに挨拶言葉も変化をして、「お元気そうで何よりですね」「まだまだ大丈夫ですね」相手が病気をもっていることを前提にして、はげましの言葉に変化してくる。ここまでくると気楽であり、相手がどこまでこちらの病気を知っているかはべつにして、病人の仲間に入れているので返答は困らない。

世のなかでは、七五歳を境にして、よびあう挨拶もちがってくる。健康の国でくらしているひとから、病人の国でくらしているひとへの橋を渡ったものとうけとられているらしい。誰もそんなことは言っていないが、挨拶言葉にあらわれている。わたしは病気の国にきてから一〇年以上を経過したが、この国には年齢によるちがいはないけれど、かるい病の国とおもい病の国にわけられている。

軽病にすんでいるひとと健康にすんでいるひととは、陸続きであり、日常生活に事欠かないひともあり、体のどこかにわずかな故障はあっても、日常生活をきりぬける余力をのこしている。重病の国はおなじ病気の国でも軽病とはかけはなれた独立国であり、ひとびとからのたすけがなければ生存できない。医療の世界で病院のベッドをはなれることのできないひとや、食事、移動、着替え、排泄のすべてをうけなければならないひとなどがふくまれ、今後この国の住民はさらにおおくなるものと予想されている。軽病の国もすくなくなるわけではない。健康の国との境界ちかくに住むひともおおい。

これから百寿へ進む人も増えてくるとおもわれる。

こんごの医療の発達により、健康の国へもどってくるひともふえるにちがいない。境界線界隈は今後さらに賑やかになってくるだろう。

これまでは老化といえば非可逆的であり、医療の対象からはずれていたが、近年においては「老化は病気の一つ」に数えられるようになり、治療のできるものとして、研究が進みつつある。

個体の老化については、おおくのひとから注目されてきたが、研究はさらにすすみ、細胞の老化、さらに遺伝子の老化へと、ひとびとの研究は変化するときをむかえた。老化細胞が慢性炎症をおこし、これによって、ガンや認知症、脳血管疾患らのすべてがおこるところまで解明され、さらに老化細胞を除去する薬剤もうまれつつある。いままでガンの原因はなにかが研究され、認知症はその原因がどのようなものが研究されてきた。しかし、生活習慣病といわれるすべての病気は慢性炎症が原因であり、さらにさかのぼると老化細胞の増加があり、この細胞は老化でもふえることがあきらかになっている。

老化は治療の対象になることが判明した。

本格的に病気国から健康国に転居するひとがふえるかのうせいがある。健康国から病気国にかけた橋は一方通行のようにおもわれていたが、両面通行のおおきい橋にかけかえる必要がでてきたことになる。年齢によって違っていた挨拶も、また変わってくるものとおもわれる。年齢を問わず「お元気ですか」になるのか、それとも健康にかんする挨拶はなくなり、「いい季節になりましたね」「暑くなりましたね」そんな気候の挨拶になる可能性もあるだろう。そうなることを望みたいが、そこまでいかなくても「元気になりましたか」程度になれば、気持ちもおちつくのではないだろうか。あるいは新しい言葉が生まれて「お元気が戻りましたか」という挨拶がとびかうようになるかもしれない。老化が医療対象となるときにあわせて、挨拶の言葉もへんかする可能性があり、いままでにはなかった挨拶語の登場することもかんがえられる。生活習慣病のいくつかは不治の病になっている現在はさまがわりすることになり、人々がえがく人生の設計図もおおきくかわるときをむかえる。ガンに罹患したと医師からいわれたとき、おおくのひとは死亡後の家族の生活をかんがえ、子供達のゆくすえをかんがえざるをえなかった。二〜三ヶ月でも長く生きるための治療法をさがすことがおおい。しかし、ガンは快復することになれば、二〜三ヶ月の治療費をかんがえるだけで十分になり、快復後のゆたかな人生設計を描くことができるようになり、子供達への投資もかんがえることができる。

げんざいの成人病がすべてなおる病気になり、老化から解放されることができれば、今よりも若々しい高齢者がうまれることになり、交通事故や雪下ろしで屋根からおちないかぎり、そうそう死ぬことはなくなる。火災における焼死をふくめて事故死が死亡順位のトップをしめ、次には老衰がくることになるのか、あるいはこの順位が逆転することはあり得るだろう。

老化を抑制する、一時的に可逆的にするといっても、老化をなくすることは不可能であり、人間は老化をすすめて死にちかづくことにかわりはない。老化も遅らすことはできるが、止めることはできないといったほうが適切かもしれない。加齢と老化は別のものであり、おなじようにつかわれることもあるが、加齢は一方的に進み止めることはできない。老化は一時的な停滞やときには可逆させることもおこりえる。別のいいかたをすれば、人生を部分的にみれば若返ったかもしれないが、トータルでみれば老化は徐々に進行していくことになる。したがって老衰で亡くなる人が増えるのだ。

WHOが「老化は治療対象である」と明言したのは二〇一九年のことであり、まだつい先日の話である。これからの一〇年は疾病にたいする将来像がおおきく変化して、人生そのものの設計図もかきかえられることになるであろう。

話はだんだん細かくなるが、ひとの細胞のなかに老化細胞といわれる細胞がおおくなり、生活習慣病に結びつくことはすでに述べたところである。さらにその細胞のなかの話になるが、遺伝子も老化にかんけいしているが、そのほかミトコンドリアという小胞がおおく含まれ、エネルギー代謝と関係している。このミトコンドリアを活性化させることが、難治であった生活習慣病を改善するになるというのだ。

東京大学出身のＩ先生が銀座にクリニックを開設し、治療を行っている。保険の利用できない自由診療である。ＺＯＯＭでお会いをして、患者の一人になりサプリを飲みはじめると、たしかに症状はきえていく。血液検査の結果も回復している。ミトコンドリアの活性化はたしかなようだ。わたしは医学部をでたとはいいながら、細胞のなかに含まれる小胞の一つでおこる化学変化や機能について、「分かりました」といえる立場ではない。習ったこともないし、当時には解明されていないことばかりであり、「分かっていない」といったほうが適切かもしれない。しかし大枠で老化が一直線に進むのではなく、ときにはスピードを落とすこともあり、時には立ちとまり、逆もどりもしながら前進していく姿を理解することはできる。そんな時代をむかえたのだ。

会ったときの挨拶だけでなく、世のなかの流れがおおきくかわっていることだけは間違いない。

医師がおおくの財産をのこし、おおきな病院がいくつもできる時代は過ぎさり、おおきな介護施設が建ちならぶことになるかもしれない。医師は介護士に雇われるときをむかえることになる。

医療と介護の立場が逆転する。

おおきな製薬会社がいくつも潰れ、医療機器メーカーも少なくなる。国家予算においても医療費予算は介護費予算よりも小さくなり、さらに年金予算が莫大になり再構築を迫られる。介護と年金の時代をむかえ、介護がおおきなながれをつくり、そのまんなかに立つことになるだろう。介護の財源をどうするかが問題になり、現在四〇歳から介護保険料をお願いしているが、さらにひきさげ二〇歳から支払いの開始をしてもらうことになるだろう。

老化が治療されることになり、一日一個の錠剤でわかがえるかもしれない。一〇〇歳前後のところに高齢者の吹きだまりができるかのうせいがあり、経鼻栄養などのひとがふえ、車椅子などの需要がふえることになる。電車などの乗物には車椅子用の席がひつようになり、デパートなどのエレベーターをおおきくして数を増やす必要がある。混雑する駅などには車椅子用の歩道がもとめられることになる。また個人の住宅も二階、三階になればエレベーターがもとめられることになるし、地域の買い物バスやリハビリバスなどが要求されることになる。乗用車も手押し車がのせられるスペースがもとめられることになり、手押しの方ももっと折りたたみがもとめられるにちがいない。

携帯電話ももっと単純に相手にかけられるものがもとめられ、特にメールの機能は高度化が要求される。

そのときの体の様子が家族につたえられる機能もつけくわえられるだろう。メールをもっている人の血圧や脈拍はもちろんのこと、血液の血糖値やコレステロールぐらいは家族にはつたわることがもとめられる。九〇歳で一人住まいのひとがふえるからであり、携帯を握れば親族に調子がつたわるようにすべきである。

老化が回復し元気さがもどってくる時代をむかえることになり、この世は様変わりするときが、もうちかくまで押し寄せているとかんがえるべきである。しかし老化が治療の対象となる時代はきたけれども、ガンを治す時代はまだきていない。老化を遅らすことができれば、ガンになる人を減らすことはできるとおもわれるが、ガンになった人を一〇〇％完治させる時代は、もうすこしさきの話である。残念ながら、今そのハシリを見ることができない。完治とまではいかなくても、ガンと共存できる時代がくれば、世の中はさらにあかるくなるだろう。その時もそれほど遠いさきではないとおもわれる。その時を待ちたい。

お

＊偶然の積み重ねはさらに続く。

人生に「必然」という言葉はそんざいしない。

きょうまでのながい道程は、なにひとつ決まった筋書きもなく、たどりついた交差点の一つであり、これからどの方向にいくかは今後きめることになる。この方向がよいときめるのは、偶然に出会った人とのふれあいによることがおおい。

わたしの先祖は愛媛から三重にきたことになっているが、わたしが四国香川に住まいをもとめたのは、娘が嫁いだところであったからであり、先祖とのかんけいはなかった。しかし、偶然にも先祖のちかくですむことになったのである。娘のちかくにきたのは、老後における介護がひつようになった時をかんがえてのことであり、理由はわたしたちの体にあったのだ。娘が香川にきたのは偶然のことであった。

娘が嫁ぐとき、四国にいくといわれ、違和感をもったことをおぼえている。しかし、そのとき自分たちまで四国にくるとはおもっていなかった。偶然の積み重ねで、きょうをむかえている。

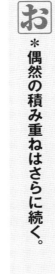

なんどもかくが、わたしはやがて九〇をむかえることになり、からだのおとろえがめだつのではないか、とおもわれるがそうではない。ひびのせいかつにおいて、げんきをとりもどし、あるくのもふつうにちかづいている。さいきんあるひとから、サプリをもらい、それをふくようすると、わるいあしであるくのがらくになった。

ひだりあしだけでは、一秒もたてなかったのに、三秒たてるようになった。わずかなちがいのように、おもわれるが、ゼロと三とはたいへんなちがいであり、ひだりあしで三秒たつことは、おおきなしんぽである。サプリをくれたひととは、偶然にZ００mでしりあったなかであり、おもいがけないことでしりあった。

三秒立てることによって、わたしの歩行はおおきく前進した。それは偶然にしりあったひとから、偶然に紹介されたものであり、そのサプリの特別な効果をうけることになる。いままでから、いろいろのサプリに遭遇し、ちいさい筋肉の改善はみられたが、おおきい筋肉のへんかはみられなかった。はじめてのことである。〇・一ミリとか、〇・二ミリのわずかな量を注射することになる。こんなに少量でなぜ効果がでるのか、ふしぎでならない。マクロファージという免疫細胞を活性化し、それが細胞のなかのミトコンドリアを活性化するという。このふたつの活性化によって、脳内異常によっておこる片麻痺なども回復している。免疫力の改善が、全身の改善をどのようにおよびおこすのか、十分にりかいはできないが、結果は目を見張るものがある。

歩行の変化だけではない。わたしは掌をみておどろいた。皮膚がスベスベになっているのだ。化粧水でもぬったようになった。紹介してくれたひとは、これはたいへんなことだという。全身の細胞の若返りであるというのだ。顔もスベスベである。そういえば、顔の相がかわったようにもかんじられる。

大学病院で血液検査をうけておどろいたことがある。一〇年以上もまえから、腎機能がだんだんわるくなり、いつも心配をしてきたのだ。クレアチニンという物質があり、腎機能が悪化すると、この数値がたかくなる。この十年のあいだ正常範囲におさまったことはなかった。

ところが今回、正常範囲におさまっていた。大学のせんせいは、いちじてきな現象かもしれないとかたる。じぶんでも、腎機能がよくなっているかどうかはわからない。ただ、排尿期間がながくなっているのはわかっていた。

偶然にもある会合にＺｏｏｍで出席したことがきっかけとなり、思わぬ人とあい、おもいがけないサプリメントに遭遇し、からだの改善にむすびつく結果になる。偶然がいくつ重なったのであろうか。

わたしは八九歳の誕生日を、昨年よりもげんきにむかえることができた。これは偶然によってつくりだされたものであり、このけっかに感謝しなければならない。

偶然はかならずしも良い偶然がつづくとはかぎらない。わるいことが重なることもあるはずだ。わたしは議員生活を終わってまもなく、
肺炎になったことがある。いつも診てもらっている先生が、その日にかぎり、心電図ばかりをみて、聴診器を胸にあてなかった。わたしの症状は心臓からきているとおもいこんでいたのである。しかし心臓ではなく肺炎だったのである。偶然にも誤診をした。わたしがその日のうちに入院をねがいでればよかったのに、一日おくれてしまう。入院できる部屋がなかったのである。翌日は極度に悪化していた。たいへんな状態になっていたのである。

偶然の誤診と偶然の入院のおくれと、しかもそのころ、おもいがけない耐性菌の蔓延がかさなったのだ。おなじ入院者のなかには、命をおとすひともいた。紙一重のところで、わたしはふみとどまることができた。もうひとつ、悪い偶然がつづけば、わたしは最後をむかえていたかもしれない。

偶然にはおおきな偶然と、ちいさな偶然があるようにおもう。たとえば、ロシアのウク

ライナ侵攻は、おおきな偶然ではなかったか、すくなくともウクライナ側からみれば、予期しないことがおこったことになり、偶然といえるのではないか。おおきな偶然には、偶然といえるかどうか、迷いのうまれることがある。攻めてくるかもしれない、という一抹の不安はあったかもしれないが、まさかという思いの方がつよければ、予期しないことであり、偶然のなかにいれてもよい事例ではないだろうか。すくなくともロシアは、ウクライナを攻撃すると公言していたわけではない。国際的にもウクライナを国として認めていたのである。

　このように、偶然には、起こるかもしれない、との思いがあっても、まさかおこるまい、との反論が強いときには、偶然にいれることができる。しかし、起こりそうだ、との意見が強く、おこらないかもしれない、という反論が弱いときには、偶然にはいれないことになる。

　中国の台湾にたいする態度はどうか。中国はひとつのくにであると公言し、中国の一部であることを明確にしている。もし、こんごにおいて、攻めることがあっても、偶然ということはできない。

　ちいさな偶然は日常的におこることであり、わたしたちはそんななかで生活している。

偶然の訪問客があることもあり、予期していない貰いものをすることもある。おもいがけず転んで怪我をすることもあるだろう。そんなことによって、生活は左右される。

自然災害などは偶発的なことがおおい。台風もおもいがけずくることがおおく、地震はまったく予期しないことである。科学的にみればそれなりの理由があって起こるものとおもわれるが、その理由も偶然におこったものである。おもいがけない地震や台風によって、偶然が偶然をよび、家の崩壊がおきたりすることがおおい。おもわない出費がおこり、親戚に間借りをすることもある。いずれも予想外のことである。

わたしの人生においても、医療従事者から政治家へのおおきな転換があり、それは偶然の積み重ねであった。しかし、このことについては、すでに他の愚著でかいている。こんかいここで、くりかえすのは控えておきたい。

さいきん知りあった人にKさんという壮年がいて、このひとがまたいろいろの友人を紹介してくれた。Kさんはある会合で偶然にしりあった人であるが、いろいろの仕事をすることのできる器用人である。このひとから偶然に紹介された医師もすくなくない。この医師たちはほとんど自由診療をしており、再生医療にかんけいした人がおおい。わたしはこの医師たちの会話から、あたらしい医療について、しることができたし、興味を持つようになった。なかには糖尿病をなおした患者もふくまれており、再生医療の診療をどうすすめるか、についての政策にもかんけいすることになる。

ひととの偶然の出会いは、玉突きがつぎつぎとおこり、あたらしい知識や仕事とむすびついていく。よい人にめぐまれれば、人生があたらしく生まれることがわかる。

Kさんはわたしのあたらしいみちをひらいてくれたことになり、こんごもさらにすすんでいくだろう。どのようにいかしていくかは、わたしのどりょくにかかってくる。あたらしいサプリをしることになり、わたしのげんきをとりもどすことになる。ふしぎなかいふくを、いくつもけいけんすることになる。

偶然の玉突き現象は、とどまるところがなく、人生をきりひらいてくれる。サプリで元気を改善し、新生活もはじまる。

このような時代は予想しなかったことであり、再生医療の影響がいかにおおきいかを知ることになる。わたしだけでなく、再生医療の仲間たちも、偶然のなかで集うことになり、それぞれがあたらしいものを知ることになり、経験を重ねることになる。

これからさき、日本はどのような偶然と出会うのか、どんな未来が待っているのであろうか。

まず良い偶然からかんがえて見よう。

再生医療の分野から、りっぱな研究をしたひとがでるものと期待している。ノーベル賞をうける可能性もある。それを中心にして、経済分野が発展するものとかんがえられる。研究は偶然からはじまることがおおく、おもいがけないことが、おこるものである。日本は基礎研究がよわいといわれるが、医学の分野はそうではない。まだまだわがくには、世界のおくれをとっていない。すぐれた研究者がしばらくは続くものとかんがえてよいのではないか。

音楽の世界でもピアノやバイオリンなどで、世界のトップクラスのひとがうまれ、脚光を浴びるものとおもわれる。そのニュースがながれるごとに、じぶんのことのように、胸を躍らすことになる。幼いときから練習をかさねて、留学もして、トップクラスになる人は、あとを絶たない。これからも続くにちがいない。芸術国の名をさらにたかめるものとおもう。成るべくしてなったといえるかもしれないが、そこに至るには偶然の積み重ねがあったにちがいない。

これからの数十年のあいだに、悪い偶然もおこるものとおもわれる。

まずは自然現象であり、いちばんの心配は地震である。ニュースでもよくながれるが、

1．卒寿をこえて見えるもの。

三〇年以内に南海地震がおこる、などの予測もそんざいする。マグニチュード・七クラスのおおきなものが起これば、予測以上の被害がでることはまちがいない。科学的な予測はあったとしても、三〇年とか五〇年の間におこる可能性がある、というときには、偶然そのとき居合わせたと、言えるのではないだろうか。そのような時に、生きていたことは、偶然の出来事にふくめることができるとかんがえる。

毎年のように訪れる台風は、すむ場所によって、ことなることになるものの、出会う確率はたかい。しかし、その進路はそのときの気候状況によって、おおきく左右されるものである。居住地とドンピシャリ、上空をこえていくことがある。被害は甚大である。

わたしがいま住んでいる高松市は、台風がくることはほとんどないといわれる。よく通るところと、そうでないところはあるが、被害にあうことは偶然の出来事に入るものである。

風のふく方向によって、おなじところでありながら、被害にあうところと、そうでないところが生まれる。わたしの家は被害にあったのに、隣の家はなにもなかったということもある。なにもなかった家は、偶然にも免れたといえるだろう。

日本はこれから財政危機をのりこえなければならない。きびしい時代をむかえるだろう。

お＊偶然の積み重ねはさらに続く。

今年なくなった人は、きびしさをしらずに終わった。あと二〜三年いきた人は難局を味わうことになるかもしれない。この時代に生まれあわせた人は、苦しみをしることになる。なぜじぶんは、このときに生まれたのか、そうおもう人もいるにちがいない。

偶然にも生まれ合わせた、という以外にない。

経済競争もはげしい時代をむかえ、企業経営はいまよりもむずかしくなると予測される。どのような人と出会うか、によって運はきまるかもしれない。あたらしい製品の開発も、偶然にであった人によってきまるかもしれない。

おもいがけないひとのはなしから、ヒントをえて、あたらしいものをうみだす、そのようなときをむかえた。わずかなことのくみあわせによって、おどろくようなけっかのうまれることがある。からだのなかのしくみは、わずかなことでうごき、べつのはたらきをよびおこすことになる。そこから、おもいがけないサプリがうまれている。さいきんでは、ＡＩききもつぎつぎうまれ、それらのちしきをもつことも、じゅうようであり、それをもちいたせいひんが、うまれはじめている。このじきにうまれた、とくちょうである。

偶然にもこの時代にいきた喜びをかんじることができる。新しいものを利用した新製品には、いままで考えられなかった躍進のみられるものが多い。偶然の中身にも変化がある。

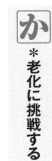

1．卒寿をこえて見えるもの。

かんがえてみれば、なぜわたしたちは生きているのかと思う。三七兆個の細胞がよりあつまって、それぞれの臓器をつくりあげ、それがよりあつまって個体をつくりあげている。そのもとは一個の生殖細胞であり、それが分裂して生きた個体をつくりあげているのだ。そして八〇年も九〇年もいきつづけている。精密につくりあげられた個体であるだけに、わずかなことで損傷もおきやすい。

脳のなかの、ある血管がもろくなり、そこからのわずかな出血でも、半身不全麻痺の症状があらわれてくる。いままで左右ひとしく動いていた四肢のどちらかが動きにくくなるのだ。それだけでなく、うまく言葉がでにくくなり、顔にゆがみがうまれる。脳のはたらきはかくべつであり、体全体にえいきょうをあたえる。脳細胞は生後うまれかわらないといわれていたが、きんねんの研究でうまれかわることもあることがあきらかになってきた。新生の細胞ができれば、病気はなおることになる。再生医療のサプリで、脳梗塞の後遺症がかいふくして、医師達をおどろかしている。このサプリはマクロファージという免疫細胞をげんきにして、さらにミトコンドリアという細胞のなかの一部をげんきにするといわれている。それがどのように脳細胞を改善するのか、そこまではわかっていない。歩けないひとが歩けるようになったという。

脳梗塞のかいぜんがすすむようになれば、どれほどおおくのひとが恩恵をうけることか、おおきな進歩である。

このミトコンドリアの活性化は、他のひとの研究でもおおきな効果がみとめられている。熊本でⅣ期のガン患者をみている赤木医師もそのひとりで、水素ガスでキラーT細胞という免疫細胞をげんきにしている。

このキラーT細胞もそのなかにふくまれるミトコンドリアがげんきになっていることを前提としている。水素ガスがミトコンドリアを活性化することになる。TCAサイクルをまわしてATPを生産するには水素と酸素がひつようである。ミトコンドリアがげんきになると、キラーT細胞が活発になる。これによってガン細胞を消滅させることができる。Ⅳ期の患者が七割改善するするのはたいへんなことである。

また、あるお茶は、アポトーシス（細胞の計画死）をガン細胞にさせているという。このアポトーシスはミトコンドリアの作用のひとつである。このお茶は、アマゾンの薬木にあった成分なのだ。「女性とくらし」のＭａｔｕｒｅ別冊によると、タヒボというお茶でおおくのガン患者が改善していると伝えている。

いくつかの再生医療やサプリの類いをみてきたが、ミトコンドリアがおおきな役割をはたし、ガンにたいして効果を発揮している。はじめに紹介した脳梗塞の改善にしても、ミトコンドリアの活性化がえいきょうしていると思われる。

ミトコンドリアとはいったい何者なのか？ひとつの細胞のなかに、数百個から数千個もふくまれているという。しかもミトコンドリアＤＮＡという遺伝子までもっている。三七兆個のからだの細胞にふくまれているので、全部で何個になるのか数えることもむずかしい。行っている仕事の中心は、人間にひつようなエネルギーの生産であり、わたしたちはこの働きで生きている。アポトーシスの細胞処理もおこなっている。まだわかっていないが、このほかにも大きな役割がありそうだと研究者達はかんがえている。とくに免疫にたいする橋渡しに注目している。赤木医師はのこり三割を回復させていないとかたり、その原因はミトコンドリアの疲弊であるとのべている。それはガン治療における化学療法のおこないすぎだとしている。

ちいさい細胞のなかに、さらにちいさいものがなぜ存在するのか、からだの構造は不思議というほかはない。

整体士のひとから聞くと、足の麻痺があり、あるくことのできないひとを診ることがある。しかし治療をすると一時的ではあるが、ふつうに歩く姿をみることができるという。足にきている神経はきれておりそんなことはありえないと医師達は反論する。しかしながら現実にはおこるというのだ。

生体マトリックスという現象を指摘するひともいる。これはどういうことなのか。エネルギー医学という言葉をつかっているひともそんざいする。皮膚の結合組織から細胞のなかの核内まで、からだのなかのすべてが送電網のように瞬時にれんらくしあっていると説明している。振動と電気情報をからだのすみずみまで伝達し、蓄積しているというのだ。物理的情報や磁気的情報があり、これらには瞬時にれんらくしあう構造ができているということだ。

細胞は死亡すると線維化結合組織になることはよくしられている。結合組織のなかには、有害物質や老廃物がはいりこみ、それによって生体マトリックスの情報網が阻害される。そこから難病がはじまっているという。肝硬変や肺線維症などがあげられている。いままでの医学では治すことができなかった難病を生体マトリックスのかんがえかたで治療している。

いままでの医学では、神経線維が障害をうければ、麻痺がおこり、うごけなくなる。解剖学的に証明されている。しかし、生体マトリックスの考え方によれば、別ルートがあり、足をうごかすことができるようになる。情報伝達は可能になる。

わたしはＭＤαというサプリを服用したとき、麻痺していた肋間筋が動くようになり、深呼吸ができやすくなった。もとの頸椎打撲によっておこった神経の異常がなおったわけではない。これは生体マトリックスの構造から、エネルギーを得たものと指摘された。これが事実だとすれば、いままでの解剖学を中心とした医学は根本からみなおすひつようがうまれることになる。

整体師によって、皮膚からしげきをあたえられると、細胞のなかまでその情報は伝達され、歩けない足がうごくこともおこることになる。麻痺した神経はかいふくしていない。

振動や電磁波のえいきょうがからだにあたえる医療について、先進的なものとしてかんがえられている国もそんざいする。日本ではほとんどしられていないし、否定する医師もおおい。あらゆる情報がからだの細胞核のなかまでゆきわたるとしたら、からだの構造は不思議というほかはない。この理論にしたがい治療をおこなっている医師もそんざいする。

より科学的なデータをあつめてほしいものである。

人間にはながくいきてきた歴史があり、目にみえないウイルスにもまけない力がそなわっている。わたしたちはそれを免疫力となづけている。いぜんにも書いたことがあるが、そのためには自分とそうでないものを区別して、自分以外のものをうけいれない仕組みがひつようである。ひとは、そのはたらきを特別な細胞にゆだねているのだ。

血液のなかの白血球、そのまたなかのリンパ球、さらにそのなかのとくべつなT細胞、この細胞にすべてをゆだね、その他のおおくの細胞は関与せずにいきている。ぜんたいからみれば、効率的にできているといえるかもしれない。生存にかかわることであり、からだぜんたいの細胞が関与してもふしぎではない。

最初にかいたごとく、どの細胞にもそんざいするミトコンドリアという小胞体が活性化することによって、免疫細胞が活発になるところをみると、けっして無関与ではないともわれる。たしかに橋渡しはするかもしれないが、戦いに加わるわけでない。たたかいは特別部隊にまかせておいたほうが、個体をまもるたちばからすれば、得策なのであろうか。キラーT細胞というとくべつな任務をもったところに戦いはまかせている。ふしぎにおもうことのひとつである。

にんげんは生きているかぎり老化はさけられない。老化細胞という細胞がふえてくるが、これは約五〇回の細胞分裂をくりかえし、これいじょうの分裂はできなくなった細胞である。分裂できなくなったものはマクロファージなどの免疫細胞によって殺傷されるのがふつうであるが、そのままいきのこる細胞があり、老化細胞となづけられている。分裂できなくなり、いきのこる細胞である。この細胞は老化によりふえることになり、また肥満したときにも増加する。

この細胞が注目されるようになったのは、炎症性サイトカインというタンパク質を分泌して、慢性炎症をおこすことがあきらかになったからである。各臓器ともに慢性炎症をおこすことがあり、かんけいした生活習慣病になってゆく。

いままでガンや脳梗塞、心臓血管病、認知症、糖尿病などすべての生活習慣病はそれぞれの原因が研究されてきた。しかし、きんねんの研究により、生活習慣病は慢性炎症というひとつの原因でおこることがあきらかになった。おおきなへんかであり、慢性炎症が脚光をあびることになり、老化細胞も注目されるようになる。

ひとつの原因からさまざまな病気がはっせいし、その原因をとりのぞく薬品の開発もすすんできた。すなわち、老化細胞を除去するための医薬品である。ワクチンの開発もすすんでいる。

いままで治療の対象になっていなかった老化も、対象になるときをむかえたことになる。老化細胞をとりのぞけば、すべての生活習慣病をよぼうすることができる。おおきな転換期をむかえたことになる。

老化はさけることのできないことであり、受けいれるいがいにないが、おそくすることがかのうになる。そんな進歩を体はどのようにうけいれるのであろうか。平均寿命がのびて、どんな最後がおとずれることになるのか、事故と老衰がおおくなるのかもしれない。老化というひとのもっている仕組みにさからうことは、どんな結果をもたらすのか、想像することもむずかしい。からだの仕組みにたいする挑戦といえるかもしれない。

老化細胞は細胞分裂を終えて、なお生きつづけるのはなぜなのか。たの細胞はアポトーシス（計画的細胞死）で、遺伝子にくみこまれたプログラムにしたがい、マクロファージなどの免疫細胞によって処理されていくのだ。老化細胞が生きつづけるのは何かの理由があるはずであり、げんざいわかっているのは炎症性サイトカインというタンパク質を分泌することである。そして体のあちこちに慢性炎症をおこすことになる。やがて生活習慣病になることだけを考えると、老化細胞だけが早期に死亡するのではなくて、体全体を死にみちびくやくわりをはたしているようにも受け取ることができる。しかし現在はわかっていないが、プラス面の役割を予想する研究者もそんざいする。

分裂もせず、死にもせず、の老化細胞の役割はなになのか、おおきな疑問がもたれ、不思議なことのひとつに数えられている。

タバコをすうひとがよくかかる肺気腫という病気がある。呼吸ができず酸素吸入しているひとをみかけることがおおい。いまのところ、これを回復させる治療法はそんざいしない。喫煙などがストレスとなり、老化細胞が肺にふえていることが知られている。わがくににおいても、五〇〇万人にのぼる有病者がそんざいする。

研究者たちは動物をもちいて、老化細胞をとりのぞくことにより、この病気を予防することができないか、研究をすすめている。このように、それぞれの病気において、老化細胞をとりのぞくことで治療するこころみがはじまっているのだ。

2. 日本のかかえる問題をかんがえる。

き ＊要求することが可能な社会。

わたしの生まれたところは三重県の中心あたりであるが、田舎のちいさな村であり、文化とはほど遠いところであった。ことばづかいは関西弁にちかく、生活には大阪からの影響がすみずみにみられた。関西と伊勢をむすぶ山越えの中間点になっていたのである。伊賀にもちかく、そのむかしには忍者の出入りもおおかったといわれている。そんな歴史の臭いがするやまのなかで生まれ、医師になることをめざして勉学にはげむことになった。

人生には運不運がつきものであるが、いまからかんがえると、運にめぐまれたことがおおく、勉強のおくれをのりこえて、医学部に合格することになった。医師になってからは偶然にも献血事業に出会うことになり、現在の献血制度に貢献することになる。八年間にわたって情熱をかたむけたことから、政治へ勧誘されることになり、いがいなことに衆議院議員に当選することになったのだ。

ひとの一生は偶然のつみかさねであり、おもいもよらない軌跡をえがくものであり、なぜこのようになったかについては自分にもわからないことがおおい。厚生労働大臣を四年

2．日本のかかえる問題をかんがえる。

間つとめることになり、医療や年金制度の改革をすることもできたし、労働問題についても過労死問題などいくつかの改革をなしとげることができた。いままでかんがえてもみなかったことである。

卒寿をむかえることになり、じぶんの生涯をふりかえってみたとき、思いがけないことのれんぞくであり、不思議におもうこともおおく、後悔することもすくなくない。

これから先においては、予想外の出来事はすくなくなるとおもわれるが、ちいさい変化はあるかもしれない。おもいがけたい変化があるとすれば、それは再生医療における進歩がおこったときではないかとおもわれる。長寿遺伝子がＯＮになり活性化するすぐれた方法がみつかったとき、ミトコンドリアが増加し活性化することが判明したときなどである。寿命がまだのびる可能性がある。

父方の祖父は九三歳までげんきにくらしていた。わたしはこの祖父にかわいがられ、おなじ布団で寝ていたこともあった。なくなる三日まえまで畑仕事をしていたと記憶している。坂口家にとってはそれいらいの長寿であり、みんなにお礼をいわなければならない。

わたしは再生医療の進歩にもよるが、九五歳までいきることができるかもしれない。おもいがけない軌跡であり、奇蹟といえる。そんなめぐりあわせのなかで生きているようなな気がする。からだを大切にしなければならない。年間にはらっている医療保険料はひつようとする医療費にみあう額であり、そのほか税額もおおきい。このとしになって、多額の税をおさめることはたいへんなことであるが、めでたいことだということもできる。健康をまもり、納税につとめたい。

さて、わたしはここで何を書きたいか、明らかにするひつようがある。じぶんの生まれた環境やそのごの生い立ちをかいてきたが、ひとことでいえば、高齢化の道をあたえられてきたことになる。それぞれの人は紆余屈折をしながら、トータルでは高齢化にながれている。

好むと好まざるとにかかわらず、高齢化社会を築いていかざるをえない。高齢化社会を築くには、なにが重要であるかを明確にしなければならないのだ。はたらく人がへり、消費者がへることになる。すると税金をおさめる人がへり財源がすくなくなる。高齢化社会はマイナス面がならぶことになるのだ。

内閣府の統計から、にほんの状況をみてみたい。令和二年における社会保障費の総額は一三二兆円であり、高齢者だけをみるとどれぐらいになるのであろうか。高齢者の関係給付費は八三兆円であり、全体の六二％にあたることになる。高齢者の額はおおきいということができるし、今後さらに拡大する可能性がある。こんごも社会保障費をおおきくしながら、高齢者の割合を維持することをかんがえなければならない。増税を覚悟することになる。

にほんが高齢者国家になるためには、高齢者自身がじぶんでいきる気力をもった国をつくるいがいにない。ひとのせわになる高齢者をすくなくすることであるとかんがえている。奇蹟の高齢社会をきづくためには、気力あふれる高齢者をふやすいがいにない。その見本になるすがたをしめさなければならない。そのためには家族をだいじにするひつようがある。わたしのばあい、妻の健康をまもってやらなければならない。妻のたすけがあってわたしの健康を維持することができる。娘夫婦のたすけがあって寿命をのばすことができる。かぞくの信頼関係をたかめる努力につとめなければならない。

どうすれば気力あふれる高齢者になれるのか、それぞれのひとによって状況はことなる。気力はしぜんに湧きでるものではなく、それが生まれる基をつくりだすひつようがある。社会にむきあう姿勢のこともあれば、技術的なもんだいのこともある。わたしのように家族への配慮がじゅうようなこともあるだろう。気力の基をつくりあげながら、気力あふれる高齢者になり、自身がいきる社会をつくる。

それが高齢社会をいきのびる唯一のみちであり、もっとも重要なことであると確信している。社会みずからがその気持ちになることがたいせつであり、要求されてなるものではないのだ。気力というものは、ひとから要求されてうまれるものではなく、みずからがつくりあげて生まれるものである。

したがって、高齢社会はものごとを押しつける社会ではなく、わきでるじぶんのちからを汲みあげる社会であるということができる。それは高齢化だけのもんだいではなく、社会のあり方すべてに共通するかんがえかたであるはずだ。

民主主義国家のわりあいがすくなくなっていることを報告したが、基本的人権がまもられるだけでなく、もとめることのできる社会を作らなければならない。要求する社会ではなく、要求できる社会をつくりあげるために、何がひつようであるかについてかんがえる社会をつくらなければならない。もとめることのできる円熟した社会がひつようであるのだ。

あれをしろ、これをしろといっても、その財源がなければ実現できない。じぶんたちはそれを実現できる社会をつくっているかどうかだ。要求する社会をもとめるまえに、要求できる社会をつくっているかどうかが問われることになる。にほんにおける赤字国債は、要求できる社会をつくってこなかったことを意味する。

要求できる社会、要求可能社会の実現がとわれることになり、これができるかどうかで、円熟した民主主義国家であることがきめられることになるのだ。こくみんの求めに応じて万端整え、うけいれることをかのうにした社会をさきに築くことがたいせつである。社会の組織をつくったあとで要求をする、そんな社会にしなければならない。

要求することが可能な社会は、国内にむけてだけではなく、そとにむけて求めることもある。外国のこともあり、外国人にたいすることもそんざいする。そのときは外交関係の円滑化がもとめられる。これは要求することが可能な外交関係におきかえられることになる。そとにも打って出る気力がもとめられるのだ。

世界が注目するなかで、高齢者人口はだんだんと増えており、どのような社会にするのかその姿がみえてこない。高齢者のもんだいだけでなく、すべてのことにおいて、もとめに応じた社会つくりがおくれていることを示すことになるのだ。権利として主張するまえに、応える社会をつくらなければならない。

基本的人権をみとめた国は、応えることのできる国家を、さきにつくる能力のあることを示しているはずである。要求する社会ではなく、要求できる社会をさきにつくることである。くりかえしになるが、要求することが可能な社会をつくらなければならない。

高齢化社会のことに、はなしをもどしたい。少子化も同時におとずれているため、その対策も必要であり、そのほか安全保障費もかさなってきた。財政上これいじょう割合をふやすことはむずかしいことになる。重点的につかうとしても、高齢者数がさらにふえるため、総額をへらすことはできない。増やしかたを抑制して財源をじゅんびするしかない。税制改正をおこない、赤字国債の返還とあわせてじゅんびすることになる。消費税のひきあげをだいいちにかんがえ、経済の回復をはかり、税額をふやさなければならない。

その一方で、さきほどのべたように、高齢者のはたらく場所をかんがえ、気力をもってじぶんのちからで生きるひとを、育てるひつようがある。その環境をととのえることもわすれてはならない。わかものの負担もふえるが総力戦である。やがてそのひとたちも、恩恵によくするときをむかえる。

財源をつくるときに、そのみかえりをかんがえなければならない。どんな国作りをするか、その姿かたちを示すひつようがある。それは北欧型の福祉国家であると、わたしはかんがえている。政府はそのかんがえかたをしめしながら、国民の理解をえるひつようがある。増税をするためには、どんな国作りをするための財源であるかをしめし、どんな形で国民に還元するかをあきらかにするひつようがある。
国民は還元されるものばかりをもとめてはならない。そのための教育もひつようであり、国民への説得を怠ってはならない。ここでも要求することが可能な社会であることが問われることになる。ひごろから円熟した民主主義社会をつくりあげているかどうか、試されていることになる。

しゃかいはじぶんがちゅうしんになってつくりあげているものであり、なにごとももとめているだけではいけない。もとめることができるしゃかいにしなければならないのだ。どりょくがさきであり、それにもとめるものがついてくる、そうかんがえるべきである。もとめることができるしゃかいはみんなでつくりあげるもの、きょうりょくすることなしにはできないものである。おたがいににらみあい、はんぱつするだけのしゃかいではうまれないものである。はなしあいのつみかさねがだいじであり、ぎろんのすすめかたがたいせつである。いけんのちがいをのりこえなければならない。はげしいやりとりののちに、ぎろんをまとめるしゃかいでなければならない。

意見の相違をのりこえることのできる社会がひつようであり、天下を二分するような議論も、さいごには合意できる　社会でなければならない。いろいろの意見が対立して合意をえられず、ひとつの結論をだすことができずに放置されるような社会形態ではまえにすすまない。国民のもとめに応ずるためには無理が生じることになる。赤字国債をふやしてひつような財源をもとめる類いが随所にみられることになる。

日本はまだまだ円熟した社会になっていない。いま、国民の質がとわれていることになる。国民が意見をのべる機会や場所はふえており、パソコンをつかいながら電車のなかでも食事の場所でも、じぶんのかんがえを世にしめすことができる。信頼される社会作りをすすめる努力がみられるかどうかである。

要求できる社会をつくることができるかどうかは、合意のためにどのような議論をするかにかかっている。議論のまえに現状をどのように認識するか、共通のかんがえかたを整えなければならない。そのうえで、合意にむけて話しあいをすすめることになる。話しあいの手順を間違えると議論はかみあわない。人間社会にとっていちばん基本的なことができるかどうかの問題である。結論をだすことのできないような議論はさけなければならない。円熟した議論ができるかどうか、それは要求できる社会をつくるための要である。

政府の政策立案もえいきょうする。この政策をおこなうと、こういう結果になると提案し、そのようにならなかったときには、マイナスの生じることがある。そうしたことが重なると財政負担になってしまう。要求できる社会がうまれないけっかになってしまう。円熟したとおもわれる民主主義の国は、総合力であることがわかる。

塞翁が馬ということわざがある。良いこととおもっていたことでも、結果をみると悪いことにむすびつくこともあり、逆に悪いことがおこったとおもうことでも良い結果につながることもある。禍福はあざなえる縄のごとし、ということである。

悪いことがおこったとおもうことでも、良いことにむすびつくことがあるのは、巡り合わせもあるが、環境の変化によっておこることもあり、本人の努力によることもあるだろう

社会でおこることも同じであり、高齢者社会というマイナス面のならぶ姿がうまれたとしても、良い結果につながることもおこるにちがいない。直面する環境にもよるが、社会がどのような努力をするかによっても結果はことなるにちがいない。巡り合わせはわからないが、社会の努力はへんかをもたらすことになる。要求できる社会をつくりあげることによって、良い高齢社会をつくらなければならない。

基本的人権を要求できる社会では、民間企業もまもらなければならないことがおおい。最低賃金をまもり労働時間もまもらなければならない。それをまもるだけの経営力と財源

をもとめられる。経営者団体と労働団体の合意がもとになり、企業のまもらなければならないことが決まってくる。国は法律をつくるが、社会はそれをうけてまもることのできる組織を形成することになる。民間の合意がもとになって、法律のできることをわすれてはならない。

こじんの気力のつよさと、社会の合意形成力のつよさによって、要求することが可能な社会をつくり、高齢社会の強さはうまれる。このことは外国にたいしても強さをしめすことになる。

き＊要求することが可能な社会。

力強い高齢社会は、
要求する社会か、要求できる社会か。
もちろん、要求できる社会であるが、
それは、個人の気力と議論の合意形成力できまる。

く ＊日本は戦争の渦中に立っている。

昭和のはじめからは、やがて一〇〇年を迎えようとしている。

第二次世界大戦のおきたのが昭和一六年一二月、敗戦にいたったのが二〇年八月のこと、以後ながい戦後がつづいてきたことになる。終戦前後には食糧難がつづき、学校では芋つくりなどがおこなわれ、授業はほとんどなかった。木を切り炭焼きなどもおこない、エネルギー源にしていた。上級生がヘビをころして、炭焼きの火にいれ、下級生にたべることを命じたことがある。私もはじめてヘビをたべた記憶をわすれることができない。母とともに山にゆき野イチゴなどをとり、たべたこともあった。

こんな時代があってから、高度経済成長期をむかえ、安全保障はアメリカの傘のなかで平和をうたいつづけてきた。戦争から平和へ急展開し、「平和ボケ」という言葉がうまれるほど、しずかな時のながれを経験してきた日本である。

しかし、時代はかわり、アメリカ一強時代から、中国や北朝鮮などが軍事力を増大することになり、世界的様相は変化するときをむかえることになる。

昨年（二〇二二年二月）にはロシアがウクライナに侵攻して戦争状態となり、戦争は現実のものとなった。

この現実がどのように発展していくのか、世界は中国がどのような動きをするのかに注目している。台湾問題をかかえているからである。ウクライナ侵攻に直接介入をさけたアメリカは、台湾侵攻がおこれば直接介入することを明確にした。台湾というよりも同盟国日本が危機にさらされることを前面にだして説明している。アメリカは台湾問題を日本問題として説明しようとしている。このことにたいして、日本自身がよそ事のような説明をすることはできない。こころして発言する必要がある。

読売新聞をみる（二〇二三年三月五日号）と、元米国務副長官のリチャード・アーミテージ氏の主張が記載されている。私もかつてアメリカでこの人と会談したことがある。副長官であったが国務長官同様の実力者であった。

「日米同盟は、中国がからむ重大な有事に対する備えを早急に開始する必要がある。いま集中的、継続的に求められるのは、我々と中国の間の軍事的均衡を安定させ、より確実な抑止力を中国に見せつけることである」アーミテージ氏のことばである。

さらに、「この戦争に勝利するための戦略には、次の五つの要素が必要である」とのべ、その第一に、「現代戦には弾薬などの膨大な備蓄が求められる」ことをしめした。「現在の日米両国の備蓄は紛争の初期段階に必要な数に程遠い」第二に「日米両国の防衛技術開発計画」第三に「核の傘」第四に「南西諸島に共同基地」第五に「21世紀型の指揮系統」以上の五項目をあげている。（原文のまま記載した）

第一にあげられた弾薬などの備蓄については、ウクライナ侵攻における弾薬の使用量が、いままでにかんがえられていた量をはるかにこえていること、戦局にも影響をあたえていることをのべている。陸上から海上への攻撃をかんがえているが、戦争抑止力のためにも必要であるとのべている。中国にたいして台湾攻撃がどれほど自身にはねかえるか、をかんがえさせるには、ひつようなことである。アーミテージ氏はそれよりも、この戦争で勝つためにはそうする以外にないとのべているのだ。この言葉がしめすように、かんがえていることが具体的であり、いつ戦争がおこっても役立つようなものが列挙されている。

これにたいして、日本で議論をされている内容をみると、入口のことばかりであり、具体性にかけているのだ。戦争へのどこまでの介入であれば憲法に違反しないのか、反撃はどこまでゆるされるのか、そんな議論ばかりである。そして、日米安全保障をかかげ防衛費の増強がゆるされるかどうか、そのようなことも議論対象にしている。アメリカでは弾薬の数量をどのようにふやすかの議論をしているのに、日本では戦争に加担できるのかどうかの議論をしている。同盟国のなかで、このような格差があってよいのか、それこそ中国にみすかされ、抑止力にならないことを知らなければならないのではないか。

中国におもいとどまらせることができるかどうかは、日本の議論がおおきな問題になるといわざるをえない。安倍総理在任中に、撃たれたら撃ち返すことは可能であるところまで、議論はすすんだのではなかったのか。現在の憲法下で反撃がかのうであれば、議論を前にすすめるべきである。

日本はすでに戦争の渦中にたっている、といってもよい状態のなかに位置している。すくなくともアメリカはそのような目で日本をみているのだ。アメリカは、台湾問題ではなく日本問題として世界にたいして説明しようとしている。

アメリカのシンクタンク（戦略国際問題研究所＝ＣＳＩＳ）は台湾有事をかんがえて、アメリカが介入するときには、日本における基地使用は「前提条件である」とのべており、「日本は要である」とも指摘している。このことについては、愚著「一路平安」において指摘したところである。シンクタンクの言葉をかりているが、アメリカの意見を代弁したものと解釈しているのだ。

2．日本のかかえる問題をかんがえる。

日本において基地を使用することは、アメリカの台湾戦争における前提条件であり、「日本が要である」ときっぱりいいきっているのである。その日本が入口の議論をかさねているることは許されるのであろうか。日本が戦争の主戦場になる可能性があるのだ。沖縄におけるアメリカ軍基地は、沖縄本島の一五％をしめているが、それはすくなくとも沖縄本島の一五％が戦場となることにしめしている。さらに周辺へとひろがることが心配されるのだ。

アメリカは中国との軍事力バランスで台湾抑止をはかろうとしている。それでは、日本はどのようにして台湾戦争を抑止することができるのか、その姿、形もみえてこない。中国との平和をのぞむなら、なにをどのようにして、達成しようとかんがえているのであろうか。アメリカと一体になり軍事力で抑止しようとかんがえるのであれば、もっと積極的に軍備増強をはかるべきである。しかし、それを躊躇するのであれば、どのようにして中国に対峙するつもりなのか、あきらかにすることはできないまでも、すでに考え方を持っているのであれば安心できる。しかしそこがみえてこない。

それではもっと中国寄りの立場をとることができるかといえば、それは欧米列強との関係もあり、限度がある。民主主義陣営にいる日本として、そこを無視することはできない。

それではなにもできないのであろうか。中国の尖閣列島へのこだわりは、なにをもとめてのことなのか、石油、ガスの存在がこだわりの原因であるならば、共同開発の対策はないのであろうか。いろいろの議論のすえにたどりつく結論を考えて、ながい話し合いのテーブルにつくことは、だいじな出発である。

現状では、台湾侵攻がおこれば、日本が戦争のなかにたつことはあきらかであり、犠牲者のでることも覚悟しなければならないだろう。自衛隊員だけにとどまらず、基地周辺の一般人などにもおよぶことは明白である。

この侵攻をアメリカとともに抑止することを選ぶのであれば、いままでの議論を整理して、戦力増強の一本道をすすむいがいにない。それでも台湾抑止ができなければ、戦争の渦中にたつことを覚悟しなければならない。日本はいまこの道をすすんでいるようにおもわれるが、国民にその覚悟をつたえるひつようがある。政府はそこを怠っているのではないか。もういちど書くが、アメリカが台湾戦争に介入する前提は「日本の基地使用」であり、そのことはすでにアメリカから伝えられているはずである。そしてこの戦争は「日本が要である」とアメリカがかんがえていることだ。

最初にかいたアーミテージ氏の五つの課題は、けっしてことあたらしいものではなく、アメリカでは当然の議論である。いずれも、早急につめることが求められる。とくにアメリカと日本の合同本部をもうけることは、重大なことであり、緊密なうちあわせのもとにおこなわれ、すべてに呼吸をあわせなければならない。アメリカ軍と自衛隊本部が一本化したとき、日本独自のうごきはできないことになり、おそらくアメリカの指揮下におかれることになるだろう。そのことを覚悟して共同作戦にのぞまなければならない。日本はもう身動きのできないところまできているのだ。

核抑止力協議会も米日韓でできることになる。北朝鮮の核開発がすすむなかで、アメリカの核はどこまでの実力をもっているのか、知るひつようがあり、今後の作戦をたてることができる。アメリカも説明するひつようを意識してきた。一歩前進である。

もういちど書くが、日本政府はこの現状を国民によくつたえなければならないのだ。国民はなにも知らないままで、すべてが推移しているように思われてならない。

アメリカと日本のあいだに、考え方の違いがあることをのべてきたが、それは中国にたいして台湾有事にさせることになり、日本は敗北の側にたたされることもありうることを意味する。

中国の軍事力は、あなどりがたいものがあり、日本の態度によってはアメリカの姿勢にも変化が生じることもかんがえられる。アメリカが手をゆるめれば、台湾を護ることはできないにちがいない。

台湾を民主主義国側にのこすため、日本はどのような姿勢でのぞむのか、そこがいま問われている。国際的な問題としてのぞむのであれば、毅然とした態度をしめさなければならない。それは戦争の危険がつきまとうことになる。

いままでの戦争放棄のかんがえかたで、一人わが道をゆくのか、国際社会の一員として民主主義国・地域をまもるのか、そこを明確にすることがもとめられている。

ロシアのウクライナ侵攻にさいしては、国際社会のなかで、欧米とスクラムをくんできた日本が、台湾有事では戦争放棄をいいつづけることはむずかしい。一貫性のある態度をしめさなければならない。経済問題をかんがえたときには、先進国の一員として歩調をあわせていくひつようがある。

アメリカの傘の下で安全保障をもとめてきた日本として、アメリカと別な行動をとることはできない。これからもアメリカとともにすすむいがいにない。それは政府もじゅうぶん承知していることであり、議論のすすめかたに問題があるといわざるをえない。

け ＊日本は世界にどう役立つか。

日本は第二次世界大戦の敗北から、おおくのくにの信頼をなくし、自国の復興のみに専念してきた。そして、経済成長のながれにのって経済大国にのしあがることができた。アメリカにつぐＧＤＰを誇り、国連のなかでも中心的な役割をはたす存在になることができた。

経済大国ではあるが、世界から信頼される日本になったわけではないのだ。これから先、世界に役立つ国になれるかどうかは、わからないというのが、正解とおもわれる。わたしはこの書物を書くにあたり、どう役立つのかをのべることにしたが、いま頭の中にはなにもはいっていない。すべてが不透明であり、何を書きはじめるべきかもわからない。筋書きのない文章をスタートすることにしたい。

二〇一九年、スエーデンの調査期間Ｖ―ＤＥＭによれば、世界のなかの民主主義国・地域が八七カ国であるのにたいして、そうではない非民主主義国が九二カ国となり、一八年ぶりに非民主主義国のほうがおおくなったと報告している。世界のなかで非民主主義国は少数派であるとおもっていたが、いまやそうではない状況にある。みんなの意見をきいて政治をおこなう民主主義国は、なりたちにくい環境にあるといえそうだ。国が強権的におさめなければ、なりたたない国がふえてきたといえるのだ。

世界地図をひろげるとわかるが、アフリカや中国といったおおきな広い国が非民主主義国である。ロシアはどちらにはいるのか、選挙はおこなわれているものの、報道など国民にあきらかにされていないところがおおく、人権がみとめられているといえるかどうか。選挙をおこなうから民主主義国といえないところがある。どの国もおおくの民族からなりたち、ともに生きることはむずかしい状況にある。多民族がひとつの国としていきるためには、強権力がもとめられる。

非民主は、わるいとばかりはいえず、国をおさめるためには、必要不可欠な知恵なのかもしれない。しかし、一部のひとの政治になることが予測され、基本的人権が抑圧されることもおおい。

民主的国家をふやしていくために、日本は世界になにができるのであろうか。日本は単一民族ではないが、多数民族国家といわれるような状況ではない。したがって、多民族が争うような経験はしていない。しかし、はげしい意見の対立は経験したし、それをのりこえた過去をもっている。どのように対立をのりこえたか、そのために何がひつようであったかを、かたることはできる。

江戸時代において、日本は幕藩体制がひかれ、二六〇ぐらいの藩がそんざいしたという。徳川幕府になってからも、二六〇年というながい歴史があり、幕府によっておこなわれた政治と各藩においてそれぞれの特徴をだした藩政治がかさねて実施されている。

幕府は各藩にたいして、行ってはならないことをきめて、徹底した。そのひとつに一国一城令がある。一つの藩に城は一つにせよ、というものであり、徳川幕府がつよい対抗馬をつくらせないために、発したものといわれている。ひとつの藩に複数の大名がいるときは例外もみとめている。たとえば伊予藩はいまの愛媛県であるが、藤堂高虎をはじめおおくの大名がいたので、例外的に四つの城がみとめられている。幕府にちかい藩には甘かったといわれる。

いまでも各地に城をみることができるが、この法令がだされる前にはもっとおおくの城がそんざいした。これが出たのは一六一五年のことである。これは大名にたいしてだされたものであり、徳川家は大阪城をはじめおおくの城を築いた。

一六一五年にだされたものに、もうひとつ武家諸法度がある。法度とは、げんざいも用いられる「ご法度である」。

そのなかのひとつに、「私に婚姻を締ぶべからざること」というのがある。幕府の許可なく、政略結婚を禁止したものである。やはりおおきな集団ができれば、対抗馬になるかのうせいが生まれるからである。政権の安定と維持のために、あらゆる対策をこころみたことになる。武家諸法度は三代将軍徳川家光の時、一六三五年にもだされており、そのなかには参勤交代もふくまれる。大名は一年間にわたり江戸にすみ、江戸城の警備にあたる。つぎの一年は地元にかえることになり、これを繰りかえす。妻子は江戸でくらすことになり、べつべつの生活がつづいたといわれる。大名はおおくの財源をつくるひつようがあり、それぞれの藩はくるしい経済になったといわれる。

さて、このような幕藩体制はメリット、デメリットがあるが、政治をおこなう道筋としては興味深いところがある。諸外国の政治において、すべてに強制的な社会主義国をつくるのではなく、あるていどの自由度をあたえ、それをひとつにまとめる国づくりを試みることも、ひとつの方法ではないかとかんがえる。多民族国家のときには、それぞれの民族にそれなりの自由度がひつようであり、それをみとめつつひとつの国にまとめることはできないか。

幕藩体制の変形から、それぞれの国にみあったものを提案することは、日本が世界にたいしてできることのように思われる。

世界で合衆国をなのっているのは、アメリカとメキシコの二国だけ、かつてはおおくの国が合衆国をなのっていた。君主制に反対するおおくの国は共和国をなのっているが、中国は中華人民共和国であり、ベトナムは社会主義共和国である。名前と中身がかならずしも一致しないところもある。中心者が民主的方法で選ばれているところが、共和国をなのるのが通常である。合衆国はアメリカをみればわかるとおり、二つ以上の国、州があつまって同一主権国家をつくったものである。

アメリカを参考にして、同一主権国家をつくればよいことになるが、同一主権がむずかしいものとおもわれる。あたらしい国々も共和国をなのっているが、合衆国をなのる国は現れていない。

それぞれの国にはそれなりの事情があるものとおもわれるが、やはり強権的な力をひつようとしているようだ。それがなければ、国としてのまとまりができないことを示していることになる。

江戸幕府においては、それぞれの将軍によるちがいはあるが、千差万別のかたちを作りだすことができたようにおもわれる。徳川幕府もいろいろのこころみをおこない、ひとつの国にまとめてきたが、敵をつくらない苦心もしている。締めすぎると敵をつくることになり、ゆるめすぎると纏まらない。

各国がとりいれやすい枠組みをつくるために、利用しやすい原形がそんざいすることを示したところである。

戦後において、日本はおおきな防衛力をもたずにくることができたのは、アメリカの傘の下にはいってきたからである。アメリカにいくつもの基地を提供するみかえりに、防衛力を依頼する。それがどちらにプラスであったかは、簡単にはいえない。日本は経済成長にむけてすべてを集中することができた。アメリカはアジアの平和をまもり、おおくの国々を自由主義陣営にとどめることができた。日本にたいして戦争放棄をさせた意義はおおきなものであった。

日本は経済大国になり、アメリカをたすけて世界を支援してきたことも事実である。アメリカには日本防衛が重荷になっているとの主張もあるが、日本はいちども戦争危機にさらされたことはない。

傘の下にはいるという形は、くにぐににプラスとなることがおおく、けっしてマイナス

2．日本のかかえる問題をかんがえる。

のおおきい二国間関係ではない。

それぞれの国が自立するためには、のりこえなければならない山がある。おおきい国の傘の下にはいることは選択肢のひとつということでき、もっとかんがえてよいのではないだろうか。日本はどのようにアメリカとの二国間関係をつくりあげたのか、他国に教えることができる。

傘にはいろいろあるにちがいない。日本は防衛力の傘をえらんだが、なかには経済力をえらぶ国もあるかもしれない。科学技術をえらぶところもあるにちがいない。二国間にそれぞれプラスとなるかんけいはすくなくない。一方が先進国になることがおおいとかんがえられるが、先進国にもプラスになることがおおい。関係のふかい外国とのことをかんがえ、両者が前進することを期待したい。

独自文化をもつことは、その国の品位をたかめ、ほかとのちがいをあきらかにして、住民によろこびをあたえることになる。日本はおおくの独自文化をもち、それをさらにはぐくんできた歴史がある。最近では、産業のひとつに成長したものもあり、その制作におおくのひとが参加している。他国でたかく評価されていることがおおい。

一朝一夕にできるものではないが、昔からあるものを、みんなでそだてる努力がひつようであり、その心がけをわすれてはならない。それぞれの生活によろこびをあたえ、労働にもプラスになっていることを教えなければならない。けっして生産にマイナスとなるものではないことも、強調するひつようがある。文化によって、おおくの友情がうまれることもあり、人間関係が好転することもしってもらいたい。

日本人は働きすぎるといわれるが、これは独自文化と関係がふかいかもしれない。文化でたのしみながら、そのエネルギーでけんめいに働くこともあるにちがいない。疲労感はやりたくないことを押しつけられたときにおこるものであり、好きなことをしているときにはおこらない。徹夜で麻雀をしても、つかれたというひとはいない。

日本にはもっともみじかい詩、俳句がそんざいする。俳句会のひとたちは、友情をふかめ、ともに山や野をあるき、どんな五・七・五の句をつくるかをかんがえる。英気をやしない、ふだんからの疲労をとりのぞく。そこから次の仕事の着想もおもいうかべることができる。日本人は文化との接点を大事にしていることを、つたえるべきである。科学技術はどのように発展することができたか、あたらしい芽をどのようにつくりだしてきたか、仕事の進歩は文化と不分離であることを、かたりつたえることがたいせつである。それによって各国は進化できるものとおもわれる。

明治をすぎてから、日本は欧米なみの自由国になりはじめたが、ふたたび封建制がつよくなり、神道一元化へとすすむことになる。それぞれの国をみたとき、一宗教で統一されているところもすくなくない。したがって、一般論でしかいえないが、宗教統一の是非についてかたることはできる。信仰は心の問題であり、すべての人がおなじようにまとまることはむずかしい。日本でも宗教統一のために、おおくのひとが犠牲になったことをかたることができる。それがいかにみじめな結果になったかを知らしめ、さけるほうほうはないか、かんがえてもらう一助になればさいわいである。

宗教統一を目的として、成立した国もそんざいするため、そのなりたちを無視してかたることはただしくない。そのくにのおかれた立場をかんがえながら、ひとびとのかんがえのなかに植え込むことの大切なことをしめしている。

仏教のなかで法華経こそ重要であることをしめし、その教えをひろめた日蓮にしたがい、創価教育学会を設立した牧口常三郎氏は、まだつづく戦争のさなか、独房で獄死をしたひとりである。いまも、そのきびしい取り調べがかたりつがれ、戦争の犠牲になったひとりとしてわすれられていない。いまは創価学会と改名され、世界一九二国・地域に支部をもつ世界的宗教組織に成長している。ここにいたるまでにはおおくの困難がそんざいした。

政治的弾圧もおこなわれた。

国によっては宗教をいっさい認めないところもあり、たとえみとめても一宗教のみのところもそんざいする。ひとびとは心のよりどころをもとめている。それによって、生きる喜びをもつことができ、なぜ自分がここにそんざいするかを知ることができる。

そのおおきなはたらきをする宗教を弾圧することは、どのような結果をもたらすか、それによってうまれるマイナスがいかにおおきいか、深くかんがえる国はすくない。

日本はおおくの選択肢をもって、おたがいがはげましあいながら、成長している。宗教の教えにしたがい、生活をよりゆたかにしているということもできる。「人のために火をともせば・我がまえあきらかなるがごとし」日蓮のことばである。人のために灯をともせば、それは自分の前が明るくなることになる。じぶんよりも他人のことをかんがえて行動しなければならない、それがじぶんに戻ってくることをおしえている。

宗教の選択肢のおおきさが民主国家とむすびついていることを、世界にしめすべきではないか。これから国づくりをするところに、貢献することになるだろう。

いくつかの世界に役立つとおもわれるところをとりあげてきた。まだあるかもしれないが、ここまでにしておきたい。

こ＊教育勅語

小学校高学年のとき、教育勅語のなかみを理解ができないまま暗唱させられたことをおもいだす。「朕おもうに我が皇祖皇宗国を肇むること宏遠に徳をたつること深厚なり」。今も暗唱したことばがでてくることをおもうと、必死に覚えたにちがいない。朕とは天皇陛下が「私は」といわれた言葉であることは教えられたが、「皇祖皇宗」とはどういういみかを納得した記憶はない。句読点のない文章であったことは覚えている。

戦後教育のなかで、教育勅語にかかれたことは民主主義に反することであったとして葬りさられてきた。何が正しくなかったのか、国民の心のなかに正しくつたえられているとはいえず、軍国主義の代名詞のように漠然とつたえられてきた嫌いがある。戦後の日本ではあたらしい内容にかきかえる話もあったが、連合国軍最高司令官総司令部ＧＨＱによって廃止がきめられ、一九四八年（昭和二三年）六月一九日衆議院で排除、参議院で失効がけってい（さ）れた。

教育勅語にはどのようなことが書かれていたか、現代文で書きなおすと次のようになる。

これは文部科学省の現代語訳である。

「朕が思うに、我が御先祖の方々が国をお肇めになったことは極めて広遠であり、徳をお立てになったことは極めて深く厚くあらせられ、又、我が臣民はよく忠にはげみよく孝につくし、国中のすべての者が皆心を一にして代々美風をつくりあげて来た。これは我が国柄の精髄であって、教育に基づくところもまた実にここにある。

汝臣民は父母に孝行をつくし、兄弟姉妹仲よくし、夫婦互いに睦び合い、朋友互いに信義を以って交わり、へりくだって気随気儘の振る舞いをせず、人々に対して慈愛を及すようにし、学問を修め業務を習って知識才能を養い、善良有為の人物となり、進んで公共の利益を広め世のためになる仕事をおこし、常に皇室典範並びに憲法を始め諸々の法令を尊重遵守し、万一危急の大事が起こったならば、大義に基づいて勇気をふるい一身を捧げて皇室国家の為につくせ。

かくして神勅のまにまに天地と共に窮まりなき宝祚の御栄をたすけ奉れ。かようにすることは、ただ朕に対して忠良な臣民であるばかりでなく、それがとりもなおさず、汝らの祖先のこした美風をはっきりあらわすことになる。

ここに示した道は、実は我が御祖先のおのこしになった御訓であって、皇祖皇宗の子孫たる者及び臣民たる者が共々にしたがい守るべきところである。
この道は古今を貫いて永久に間違いがなく、又我が国はもとより外国でとり用いても正しい道である。朕は汝臣民と一緒にこの道を大切に守って、皆この道を体得実践することを切に望む。」

明治二三年一〇月三〇日
明治天皇自署　御璽捺印
（原文のままであり、漢字もそのままである）

決して悪いことばかりがかかれているとはおもえない。教育勅語の中に書かれている要点として一二項目があげられている。

一、父母に孝に
二、兄弟に友に
三、夫婦相和し
四、朋友相信じ

五、恭倹己れを持し
六、博愛衆におよぼし
七、学を修め業を習い
八、以て知能を啓発し
九、徳器を成就し
一〇、進で公益を広め世務を開き
一一、常に国憲を重じ国宝に遵い
一二、一旦緩急あれば義勇公に報じ

一二徳目ともいわれ、とくに一二項目目に批判があつまっている。一旦戦争になれば天皇の国に命を捧げる、とかかれている。GHQはこれを許さなかった。天皇陛下の地位にかかわる問題とセットの話であり、たしかに現在の憲法とは矛盾している。

日本国を天皇国と見ることは民主主義といっちしない。このさいごの思想的背景は、教育勅語全体に流れているとよめば、すべてを廃棄するいがいにない。しかし、部分的記述であるとみれば、けっして悪いところばかりでなく、親に孝行をつくし、兄弟姉妹が仲よくすることは当然であり、夫婦相和し友人と信義あるつきあいをすることは昔も今も大切なことである。

戦後、ＧＨＱの発言がすべてであったが、もんだいは教育勅語の中身について、民主主義に合わないところはきりすて、良いところは教育基本法として残す道はなかったのかどうかである。

それでは教育基本法には何が書かれているのか。

昭和二三年にできた教育基本法は一八条からなり、けっして短いものではない。前文があり、すべての内容はここに集約されているといってもよい。

前文にはなにがかかれているか。

「我々日本国民は、たゆまぬ努力によって築いてきた民主的で文化的な国家を更に発展させるとともに、世界の平和と人類の福祉の向上に貢献することを願うものである。

我々はこの理想を実現するため、個人の尊厳を重んじ、真理と正義を希求し、公共の精神を尊び、豊かな人間性と創造性を備えた人間の育成を期するとともに、伝統を継承し、あたらしい文化の創造を目指す教育を推進する。

ここに、我々は、日本国憲法の精神にのっとり、我が国の未来を切り拓く教育の基本を確立し、その振興を図るため、この法律を制定する」

この前文の中心となるところは、いろいろと書かれてはいるけれども、「公共の精神を尊び、豊かな人間性と創造性を備えた人間の育成を期する」、ここにあるとおもわれる。教育勅語では具体的にかかれていたが、教育基本法は総論的にのべている。

いちばんの前提に、平和と福祉をしめしたことは、私たちのおかれた立場からとうぜんということができる。

こうして二つを並べてみると、全面的な書換えがひつようであった、とはいえないところがある。

さいごの天皇と戦争のところをカットすれば、教育勅語を生かすこともかのうであった。しかし、当時の日本とアメリカのかんけいでは、それも許されなかったとおもわれる。

教育勅語にかかれている人間としての生きかたにかんするところは、そのまま現在にもあてはまるものである。法律としてかかれたものよりも、ひらたい文章としての勅語のほうが、現代語にかき直されれば、心にはいりやすい。それなりの威力をもっていた、といわなければならない。明治のひとにわかりやすく書かれたものとおもわれる。

2．日本のかかえる問題をかんがえる。

政府から国民にむけたものとして、最近ではどんなものがあるだろうか。文部科学省の現状と課題をみる。

「これからの社会と学校に期待される役割。

グローバル化や情報通信技術の進展、少子高齢化など社会の急激な変化に伴い、高度化、複雑化する諸課題への対応が必要となっており、多様なベクトルが同時に存在・交錯する、変化が激しく先行きが不透明な社会に移行しつつある。

こうした中で、幅広い知識と柔軟な思考力に基づいて、知識を活用し、付加価値を生み、イノベーションや新たな社会を創造していく人材や、国際的視野を持ち、個人や社会の多様性を尊重しつつ、他者と協働して課題解決を行う人材が求められている」

このあと、学校のありかたや教師のことがとりあげられている。

多様なベクトルが交錯し、さきゆきが不透明な時代になることを予測して、ひろい知識と柔軟な思考力をもとめている。そこから、イノベーションやあらたな社会の創造をきたいする。

不透明な時代がくることをかんがえ、柔軟な思考力をもとめて、あたらしい創造をめざしているのだ。

教育勅語においては、個人と他者とのかんけいに重きをおいていたが、最近では社会環境の多様化がとりあげられ、教育問題はそのなかで個人と社会に重点がおかれるように、変化している。

社会はさまざまにへんかをして、多様化するだけではなく、そのさきは不透明であり、それをのりきる能力がもとめられている。ときのながれは、教育の環境をかえて、もとめられる本質も変化をしている。

戦前戦後におけるちがいは、国家観の相違からうまれたものであり、戦後におけるちがいは、あたらしい国家観を模索する課程からうまれているといえるかもしれない。

将来が不透明ななかで、どのような教育がもとめられるのであろうか。戦後教育は、アメリカから押しつけられたものである、といわれたこともある。押しつけであろうとなかろうと、国家観は明確であり、教育内容も安定していた。さらに充実した国家観をもとめて模索するときには、不安定と不透明がつきまとう。

不安定・不透明ななかでの教育になにをもとめているか、二〇二二年度の文部科学省予算をみると、小学校では外国語教育がとりあげられ、プログラミング教育の実施に多額の財源がもとめられている。グローバル化・IT化への対応である。

世界のなかでいきていける人材を育てようとしていることがわかり、ITを駆使しておおくの問題にたちむかい、解決できる人材を育成しようとしている。不透明ななかでどのような教育をおこなう計画なのか、その一端をみることができる。

小学校だけでなく、高等教育まで、この考え方はつらぬかれているといってよい。社会が不透明であるだけでなく、教育そのものも、不透明な時代といえるかもしれない。

教育勅語から戦後の教育基本法、そして日本がさらにあたらしいものをもとめるなかで、模索をつづける教育の中身は、社会環境と連携した内容であり、多様・不透明に要約できるものである。

こんごもこの傾向はつづき、安定した制度をのぞむことはできないだろう。国際化やデジタル化はつづくとしても、英語だけでよいものか、デジタルの中身は変化しないのか、それは社会環境によって決定づけられる。デジタル化そのものが変化することもかんがえられ、英語を速訳するすぐれた機器ができたときはどうなるのか、教育への問題はおおい。

この文章をかいているとき、チャットGPTが話題になってきた。英語を速訳することなどは簡単にできることになるという。小説をかくことも、論文をかくこともできるといわれる。おもっていたより早く実現してきた。こんご、さらにＡＩ人工知能はすすむことになる。それが教育にどう影響するのか、おそらくグローバル化・ＩＴ化にはおおきな変化をもたらすにちがいない。

教育方針にも影響がでるものとおもわれる。

さ ＊希望する時代と現実の距離をはかる。

どんな時代がくれば、安心してつぎの世代にバトンをわたすことができるのであろうか。希望する時代をむかえるためには、自分たちの残さなければならないことをかんがえておくひつようがある。希望ではなく絶望の時代がくれば、子供達がくるしまなければならない。わたしは幼いころ、太平洋戦争のなかでそのきびしさを経験しただけに、どうしても戦争はさけなければならない。戦争にもちいられる兵器もいまでは比較にならないものになっている。ひとつのミサイルでどれほど多くの人がなくなることになるのか、いままでかんがえられなかったことがおこるようになっている。どこに敵がおおくいるかは、宇宙からしらせる時代をむかえている。

ウクライナ侵攻がはじまってから、戦争は現実味をおびて、ひとびとの恐怖心がうまれている。政治にたいする考えかたのちがいによって、戦争がおこることを目の当たりにした。べつのところでも書いたが、世界には非民主国家のほうがおおくなっている。くにの中心者がどうかんがえるかによって、戦争は花火大会をきめるように、簡単にはじまるものであることを経験したのである。

ロシアのプーチン大統領は、ウクライナを攻めればどんなことがおこるかについて、どこまで考えたのであろうか。かんたんに勝って、ウクライナの領土をうばうことができる、そう思っていたとすれば、大統領の資格はないといわざるをえない。そのとき、アメリカの大統領はどうするのか、もうすこし探りを入れておくひつようがあったとおもわれる。しかし、そこが足りなかった。ヨーロッパのなかでもフランスとドイツがどうするかについても、読み間違っているのではないか。フランスよりもドイツの優位を信じすぎていたきらいがある。フランスの意見でヨーロッパがまとまることはないと思っていたところに読み違いが生じた。

欧米は予想どおり一体化してすすんでおり、ロシアに対抗するためには乱れをみせていない。プーチンからみると、予想に反して団結していることになるのかもしれない。ロシアはヨーロッパへの燃料補給をおこなっていた。したがって、ヨーロッパの息の根を止めることができるとかんがえていたのかもしれない。プーチンの誤算から戦争は長引いていることになる。

戦争はこれからも起こるかのうせいがある。したがって、戦争をはじめれば、おおきな打撃をうけることをしめさなければならない。世界はそのような環境をととのえるひつようがある。

世界の民主主義国・地域は八七カ国であるのにたいして、非民主主義国は九二カ国であると、二〇一九年に報じられている。いままでは民主主義国のほうがおおいとおもわれていたが、いつのまにか逆転していたのである。

なにをもって民主主義国といい、なにをもって非民主主義国というか、むずかしいところもある。首長や議員を選挙でえらぶかどうかできめるとすれば、ロシアは民主主義国といえるかどうかだ。ロシアは大統領や国会議員を選挙でえらんでいる。しかし基本的人権はまもられているかどうか、疑わしいところがある。このような複雑さはあるが、基準により分類され、非民主主義国のほうがおおいことになっている。すくなくとも個人の自由がまもられること、そして政治にたいする参加が自由にできることが分かれ目になるものとおもわれる。

ひとつの国をおさめるためには、それだけ難しさがつきまとうことをしめしているのかもしれない。おおくの民族があつまり、ひとつの国をつくっているケースがおおい。民族間の意見の相違もそんざいする。選挙ができるだけの教育がゆきとどいているかどうかも影響する。いろいろの問題をかかえながら国をつくり、非民主主義国にする方法しか道のないことも起きるにちがいない。

世界統計をみたとき、人口の七割は独裁国にすんでいることになる。その数は五五・六億人であり、民主主義国にすんでいるひとは二三億人しかいない。そして、民主主義国家で政治に不満をもつひとがおおいといわれる。政治への不満をもつことも自由であるということができる。そのことを、喜びに感じているひとはすくないのではないか。不満をもつことは、当然の権利とおもうひとはおおいが、不満のきもちを表明できないひとのほうが、おおいことを知るべきである。

つぎの世代をかんがえるとき、不満を表明できることを重要視しなければならない。同時に民主主義国の喜びをわすれてはならない。

豊かな国をつくるためには、おおくの財源がひつようになり、それは国民の租税でまかなわれることは書くまでもないことである。そのことは国民もよく理解をしているが、出すことに抵抗をかんじることがおおい。選挙にも影響することであり、赤字国債が蓄積することになってしまう。経済が安定すれば、返すことができるとかんがえるが、そのタイミングをきめるのは簡単なことではない。だんだんと先延ばしになり、返還が不可能なことになってしまうのだ。弱い政府のときには実現が不可能になってしまう。ながい時間をかけておこなうことにならざるをえない。

日本の累積赤字は一〇〇〇兆円をこえることになり、その返還のときを決めることもできなくなっている。もうこれ以上待てないといいながら、さらに赤字額をふやしている。

つぎの世代にこれいじょうの借財はのこせないことを、肝に銘じて政治をおこなわなければならない。諸外国からも信用されなくなってしまう。

日本は少子高齢社会になり、社会保障費はさらに増やさなければならない。加えて、安全補償費のひつような環境にたっている。財源のどこを削り、どこに配分するのか、予算のくみかたをさらにかんがえなければならない。「一路平安」でも書いたとおり、これからどんな国づくりをするのか、その姿をえがきながら財源をしめすひつようがある。そうしなければ国民を説得して納税義務をはたさせることができない。わたしは北欧型の福祉国家をめざすいがいにないとかんがえる。税の引上げをしめしながら、その見返りとして福祉優遇政策をかかげるいがいにない。消費税は当面一五％とし、将来は二〇％までになることを覚悟しなければならない。

再生医療が進歩して、平均寿命がさらにのびることは確実であり、問題は少子化がどこまで回復するかである。これまでいろいろの対策をこころみてきたが、おおきな成果をあげることはできなかった。これから結果がでたとしても、成人して納税できるまでには二〇年のじかんがひつようになる。したがって、外国人をできるだけ導入することをかんがえなければならない。日本も国際的な国家にならなければ信頼されないことになる。そうすれば日本での消費がふえることになり、労働力は確保でき、税収もふえることになる。国民として、負担することに前向きな社会をつくるひつようがあり、幼少時からの教育も重要である。

公的な事業と財源はセットであり、そこをめいかくにした議論をおこなうように、つねにこころがけなければならない。

健康寿命をのばしてげんきな高齢者をふやすためには、それにふさわしい医療制度がひつようである。再生医療がすすんできたことは、なんども書いてきたが、保険点数のついていない項目は自由診療になってしまう。国から医薬品としてみとめられていないものは、保険に採用されない。そのなかには新しい医療をめざす再生医療などもふくまれているのだ。さらに、医療保険をしようする医療機関は、保険外のものを採用できないことになっている。したがって、保険にはいっていない再生医療をおこなう医療機関は、すべての医療保険を利用することができない。

患者の側からみると、あたらしい再生医療を希望すると、保険をつかえない自由診療医院をさがさなければならないことになる。その医院では、そのたの医療保険は利用できないため、べつの保険医療病院をさがさなければならないことになる。

たとえばガンになった患者がいたとき、病院で化学療法をうけていたとする。この患者が免疫療法を希望しても、この病院ではうけることができず、自由診療医院をさがさなければならないことになる。ひとつの医療機関ですむものを、ふたつの医療機関に行かなければならない。

患者中心の医療とはいえない現状になっている。この不備をなんとかなおしたいとかんがえている。しかし、厚生労働省は医療機関をコントロールする立場にあり、保険点数でしめつけをおこなっている。その要であり、変更する姿はみえてこない。

なんとか風穴をあけたいとかんがえている。

医療にかんすることでは、もうひとつ改革したいとおもうことがある。新医薬品や新医療機器を開発したいとおもうとき、あまりにもながい時間とおおくの財源をひつようとす

さ＊希望する時代と現実の距離をはかる。

ることである。中小企業では開発できないことになる。どれだけの医療効果があり、副作用をおこすことはないか、つぎからつぎへとデーターの提出をもとめられ、それにはおおくの財源がひつようになるのだ。

一〇年と一〇〇億円がひつようだという人もいる。そこまではかからないにしても、それぐらいの心構えがもとめられることになる。すぐれた内容のものを用意しても、途中で挫折することがおおいのもじじつであり、患者側からみるとざんねんなこともおおい。さいきんでは脳出血後遺症に効果があるという再生医療がたちどまりをもとめられ、患者側からはやく認めるべきだという突きあげがおきている。承認を待っているひとがいかにおおいかをしめしている。確実な効果が明確になることはたいせつであるが、一〇〇歩前進でなくても五〇歩前進でも意味のあることがおおい。足の麻痺がかんぜんにならなくても、すこしでも回復すればおおきな前進である。そのきもちをくみとることが役所にはひつようである。希望する時代がはやくおとづれることを願っている。

し ＊赤字国債からの脱却をどうするか。

明治のはじめに書かれた五箇条の御誓文があり、そのことについては「一路平安」のなかでのべている。今もまた、その明治にあてはまるような困難がさしせまっていることを示し、令和時代の御誓文をかくとすれば、どのような内容になるかをのべてきた。

いま、大多数のひとは、さしせまった困難をかんじていないし、それを解決しなければならない、ともおもっていない。それが現在における一番の問題である。なぜこのようになったのであろうか。

原因としてかんがえられるのが、赤字国債の発行であり、これによって痛みはなくなってしまったのである。麻薬の役割をもっており、いままでかんじていた痛みをわすれてしまったといえる。赤字国債にはおそろしい作用があり、ひとのこころを麻痺させてしまうのだ。

ひとびとは痛みのあることをわすれ、いま心配することはない、とおもっている。しかし、ほんとうはそうではなく、体のいたるところでの病気はすすんでいる。

[し]＊赤字国債からの脱却をどうするか。

少子高齢化はだんだんとすすみ、働くひとがすくなくなり、納税者もへってきた。麻薬の量をさらにふやすことになってしまう。赤字国債の額は一〇〇〇兆円をこえることになり、安全保障にもひつような財源があきらかになってきた。社会保障と安全保障、いずれもだいじなことであり、財源をつぎこむことがひつようであり、こんごにおける財源逼迫の要因となることはまちがいない。

ひつようなものは増え、財布のなかにはなにもない、そんな時代がきているにもかかわらず、痛みをかんじていない。わたしたちの体は無症状症候群とよばれる状態になっている。はじめて罹患したものであり、治療方法も確立していない。

わたしは、令和における五箇条の御誓文のなかで、つぎのようにのべている。

財源の健全化を図り
その負担に耐える社会を
実現する。

財源を健全化することは当然であり、それだけではなく、その財源をつくりだす社会の

2．日本のかかえる問題をかんがえる。

姿を、あきらかにすることがもとめられる。どのような社会をつくれば、財源をつくりだすことができるか、その姿をしめさなければならない。

政府にその姿をもとめるだけでなく、わたしはどんな社会をかんがえているか、書きとめなければならない。

まず、財源をどうつくるかである。さきほどもかいたように、少子高齢化がすすみ、人口全体がへるだけでなく、働くひとが減少するときをむかえる。所得税をはらう人がすくなくなり、保険料をはらう人もすくなくなることになる。それだけで社会保障の財政はきびしくなり、そのうめあわせをどうするか、かんがえなければならない。つかう方の高齢者は、しばらくのあいだすくなくならない。こどもの数はへるかもしれないが、児童手当などをふやすひつようがある。

税制をこのままにすれば、法人税がふえないかぎり、財源はすくなくなる要素の方がおおきい。

財源をつくるためには、あたらしい税体系をつくるひつようがあり、どの税をひきあげるかである。税はどれでも引き上げればマイナスがつきまとう。しかし、おもいきって上げるいがいにない。

まず消費税である。当面一五％までの引上はやむをえない。一％の引上で二・五兆円、五％のひきあげで一三兆円ぐらいの財源はできるが、地方にまわすものと、返還にあてるものを引くと、半分ぐらいになってしまう。二〇二三年の赤字国債は二九兆円、それにはとどかないものである。しかも消費税は低所得者に負担がおおいといわれるため、このひとたちへの見返りももとめられる。

そのほかの税制で増額できるものはないだろうか。高額所得者への所得税を上げるとしても、税額はそれほどふえないことになる。法人税をあげすぎると、本社を外国にうつすところがふえることになる。

わたしはロボット税を主張している。働くひとがすくないことになり、ロボットやＡＩなど人工機器がふえることになる。これにたいして、税をかけることはヨーロッパでもけんとうされている。ヨーロッパでは働くひとがへると、所得税や保険料がへるため、その見返りにかんがえているようだ。

あたらしい税制もかんがえながら、全体として増税にするいがいにはない。その見返りは社会保障を充実させることになる。できあがった国の姿は、北欧型にちかづくものとおもわれる。そのためにはもう一段、消費税の山をのぼらなければならない。北欧では二〇%をこえたところもあり、別な税をかんがえているところもある。フランスなどもそのひとつである。

せかいのどの国も、かるい税ですみよい社会をきづいたところはそんざいしない。わがくにも例外ではない。

わがくには過去の返済もしなければならないから、さらにきびしい時代がつづく。「一路平安」で、わがくにおとずれる三回目の「死の淵」となづけた。

明治のはじめの決断は徳川幕府がおこない、終戦決定はそのつぎにおとずれたが、昭和天皇によってなされた。いままで国民自身によっておこなわれたことはなかったが、三回目にしてようやく国民の代表である議員によっておこなわれることになる。あるいは政府によっておこなわれることになる。選挙により国民の審判をうけなければならない。きびしい内容でも、信頼されることができるかどうか、ひとびとのりかいをえることができれば、政策は実現する。もんだいは、りかいのえられる政策であるかどうかが、とわれることになる。

りっぱな内容であっても、りかいをえられないものであれば、絵にかいた餅になる。内容と説得力できまることになるのだ。

増税については、賛成するチームと、反対するチームでは、賛成するチームの敗れることがしばしばである。選挙は正しいほうが勝つとはかぎらない。

かぎりない根回しがひつようであり、得か損かで選挙をしてはならない。政府には、その能力のためされることがすくなくない。マスコミもまた、めさきの政策より政権逆転をすすめることがおおい。増税よりも政権交代が話題になると、はなしはそちらにながれてしまう。

安定した政権でなければ、財政をたてなおすことはできない。そうしたこともかんがえながら、根回しもわすれずにおこない、だいじなことを優先すべきである。政権を延命することだけを、かんがえていては、国のたてなおしはむずかしい。総理の器もんだいになる。

つくりあげた社会のすがたを、ていねいにせつめいし、高税率ではあるが、それいじょうのものをしめさなければならない。社会保障については、みかえりの政策があるので、りかいをえることがむずかしくない。しかし、安全保障の財源もひつようであり、こちらはみかえりの政策をしめすことがむずかしい。よほどの説得力がなければならない。わがくにが国際社会におかれた立場をかんがえると、安心はできない。アメリカの傘の下にいることをふくめて、かんがえなければならない。アメリカの立場もへんかをきたしており、どこまで依頼できるか、けんとうするひつようがある。

さらに、台湾有事のとき、アメリカは日本を前面にだそうとしている。日本におけるアメリカの基地はかんぜんに戦場となるのだ。台湾有事は日本も戦争にくわわることをしめしている。さしせまった問題であるが、国民はその危険性をかんじていないのだ。

無症状性症候群はこちらでもみうけることができる。将来もアメリカの傘の下で、安心だとおもっているひとがいるのだ。アメリカと日本とのあいだには、かんがえかたに格差がうまれている。

日本への攻撃がさしせまっているとき、それでも撃たれるまで撃ちかえすことはしないのか。三発撃たれたら三発しか撃ちかえさないのか。先制攻撃はしないというが、それはどういう現実なのか、明確にするひつようがある。瞬時におわる現代戦争において、撃たれたときには撃ちかえす戦争は、敗北を意味するとかたるひともそんざいする。

わがくには、憲法改正の前でたちどまっている。いずれにしても、はやく動くことがだいじだ。

わがくには、安全保障についてあまりにも疎遠になりすぎた。そのあいだに世界の戦争は質的なちがいのものになっていた。宇宙をまきこんだ戦争になっていたのだ。その遅れをとりもどすことは、たやすいことではない。おおきな財源をひつようとし、各分野の総合力がもとめられる。各分野に財源をひつようとする。

日本の経済力は、GDPで中国にぬかれ、世界三位であるとはいうものの、人口一人あたりでみると二七位になってしまう。経済大国とはいえない立場にたっている。法人税や所得税がふえるようにするためには、経済成長が重要であり、こんごも成長できるようにしなければならない。

もうひとつ、保険料のひきあげがある。いままでから、税のひきあげは抵抗がおおきいため、政府は保険料のひきあげで凌いできたのも事実である。しかし、保険料もおおきくなり、協会けんぽの都道府県別をみても、大都市はすべて一〇%をこえているのだ。西日本は全国にひかくすると高く、九州、四国をふくめ、ほとんどの県が一〇%をこえており、福岡県がいちばん高くなっている。したがって保険料のひきあげで、すべての財源をみたすことは無理である。税を補完するためのひきあげにとどめるべきである。

あたらしい技術開発をどうすすめていくか、研究と開発をどのようにむすびつけるか、などのことに配慮するひつようがある。新製品がうまれるのは一〇〇に一つ、おおく生まれるわけではない。数すくない製品も、生産で外国にまけることがあり、かならずしも日本のためにならないことがある。経済で勝つことはむずかしいことだ。

しかし、経済成長で勝ついがいにない。わがくにには、人口減少社会をくいとめ、生産性の改善をなしとげることだ。この数年間でなんとか、少子化をくいとめ、二〇四〇年には高齢化も悪化しないように、つとめなければならない。また、高齢者もはたらくように、健康寿命の延長がひつようである。

さらにくわえて、生産性をあげる努力をしなければ、おいつかない、おいこせない。もんだいはしぼられている。

けっかとして経済成長を高め、ゆたかな国をめざす。世界経済にもえいきょうされるが、そこからうまれる税収により、わがくにをたてなおすみちをかんがえる。たりないときは、増税をするいがいにない。

ひとびとの、りかいがえられるようにつとめ、かいかくのじきをまちがわず、きぜんとしておこなうことが、じゅうようである。ひとびとがマイナスになることを、せいじのなかで、じつげんすることは、むずかしいことである。じっこうりょくのとともっている、せいじでなければ、できないことだ。せいじかの、けつだんがひつようであり、こうどう

し＊赤字国債からの脱却をどうするか。

がともなわなければ、じつげんはできない。

それが増税である。

そこからうまれる社会の姿は、高負担、高福祉いがいにかんがえることはできない。

赤字国債を削減し、増税をおこなうためには、国民のりかいがひつようであり、そのみかえりの政策として、福祉を充実するいがいにかんがえられない。みんなが納得して実現できる社会と増税は、これいがいにみあたらない。北欧型の福祉国家をめざし、その課程で赤字国債からの脱却をはかるべきだ。

3．自然環境と人にめぐまれたなかで。

す ＊千年杉を描きつづけた画家がいた。

わたしの友人に、千年杉を描きつづけたひとがいた。めでたい樹だから、お祝いにつかってほしい、といつもいっていた。ほんとうに千年生きた樹なのか、わたしはときどき不審に思うことがあったが、その友人は絶対に千年杉であるといって、うたがうことはなかった。そのとうじにおける歴史をかたり、武将の名前をあげて、その矢がささった樹であるという。ゴツゴツとした木肌、枯れたところもみられる絵は、千年の重みをかんじさせる。それをみるかぎり、ながい道のりがにじみでている。友人にとって、その樹がどれぐらいの歳月をいきてきたとしても、千年の重みを感じることができれば、それでよかったのではないかと、いまごろになっておもうことである。

つよい感性の世界にいきてきた人と、そんな世界とはかんけいのうすいところでいきてきた人間との、違いなのかもしれない。

この友人のことは、もういちど書くことになるので、ひとまずこれだけにしておきたい。

政治の世界にいたころのことを思いだしている。大臣になったときには、役所から公的秘書官がつく。正式には事務秘書官とよばれている。わたしは初代厚生労働大臣であったので、厚生省と労働省がひとつになったときであり、両省からひとりずつ、二人の秘書官がえらばれた。役所では課長補佐クラスであり、入省一四〜一五年のひとがなるばあいがおおい。わたしの場合、野党時代がながかったこともあり、とくに優秀なひとが登用された。小泉内閣という、自民党のなかでもとくべつな内閣であったことも、加味されたものとおもわれる。

まいにちつづく国会答弁から、どの会合に出席するか、そしてそこにおいての挨拶はどのように発言するかまで、ことこまかな準備にいそがしいまいにちであったとおもわれる。とくに初年度の五月にはハンセン病訴訟の判決がおこなわれ、わたしと役所の意見が激突した。けっしてさからうことのない秘書官であるが、役所と激突しては身のおきどころがなかったものとおもわれる。わたしは秘書官を引き上げるのではないかと、予測した。それほどはげしい攻防であったし、秘書官自身から申し出るとしても、ふしぎでない場面であった。しかし、ふたりは忠誠をちかい運命をともにしてくれた。かれらの将来に悪い影響をあたえたのではないかと、おもったこともある。

毎日新聞の一面中央に、坂口大臣辞任か、と報道されたこともあり、きわどい関係はつづいた。控訴断念の結論がでて、役所とのかんけいも、ようやくおちつきをとりもどした。それからは、役所とのかんけいがわるくならないように、気配りもしたつもりである。

しかし、医療問題や年金改革のときに、坂口試案を発表したこともあり、役所にとってはやりにくい大臣であったとおもわれる。秘書官はむずかしい役所との関係をつなぎながら、苦心をしたにちがいない。大臣期間が四年におよび、秘書官の将来をしんぱいしなければならないことになり、三年間で交代をしてもらうことになった。

大臣をやめてからも、さらには議員をやめてからも、秘書官との友情はつづいており、たがいに家庭的なことも話しあう、そんなかんけいになっている。わたしは「さらば米寿」「一路平安」で超高齢者年金制度を書いたところ、労働担当の秘書官がそれをよんでくれたあとで、現実の統計数値をしらべて送ってくれた。六〇歳代後半の消費支出は月二七万円強であり、七五歳以上のそれは二二万円ほどである。その差は五万円ほどであり、超高齢者年金をうけることができれば、夫婦で四万円になり、六〇歳代後半の消費支出におい つくことができる。生活にゆとりをとりもどすことができる、と書いてくれた。うれしい内容であった。

わたしは良い秘書官に恵まれ、おかげで大臣をつとめることができた。いまも感謝している。

政務秘書官にもすぐれた人材にめぐまれたが、後日にゆずりたい。

わたしの知人には高齢者がふえているが、そのなかに百寿をむかえたひとが一人いる。さすがに、百寿以上のひとはＴさんというこの人だけである。

月に一回ほどの手紙をいただくが、封筒をみたときに、このひとからであることがすぐにわかる。文字の力つよさから察することができるのだ。ふとく、おおきく、げんきに書かれた宛名から、Ｔさんからの手紙であることがすぐに判明できる。字のおおきさはいろいろであるが、調和のとれた字配りであり、よろこびがあふれている。

さいきんもらった手紙にはつぎのようにかかれている。

「百戦錬磨の実体験から滲み出た貴重なお手紙を賜わり、反覆しては敬服致しております」おおくの漢字がつかわれ、むずかしい言いまわしが、つぎつぎとのべられている。わたしもまた、反覆してよみかえしている。

「ふりかえれば天地神明に感謝極まりなからんか」こんなことばもつかわれていた。天地にそんざいする神々に感謝することばであり、言いまわしに特徴があった。わたしは辞書をもちだして手紙をよむこともあり、よい先輩にめぐまれている。

Tさんは、若いときには先祖からの材木業をおこなったこともあったが、後に私学の先生をつとめていた。温厚なひとであり、おおくのひとが慕っていたのを記憶している。高齢者住宅にすみながら後輩の指導もおこなっている。やはり一〇〇年をいきぬいた重みがあり、ひとびとにあたえる影響は、ことばでつくしがたい。

百寿のひとから手紙をもらうことが、まれなことであるだけに、うれしさがこみあげ、読むまえから胸のときめきを感じる。ほとばしることばのかずかず、この漢字はなんとよむのか、この言いまわしはどういう意味か、ひとつひとつをかみしめながら読む。

このひとの人格を、すべて吸収するように読むうれしさは、なにものにも代えがたい。よき先人をもったとおもう。

もういちど千年杉を描いた人のことにもどりたい。

このひととは学生時代からの友人であり、村をながれる川のほとりで、将来をかたり、人生を話しあった仲間であったのだ。あのときにかたりあった人生は、はたして訪れたであろうか、そうふりかえることがある。かれがえがいた古い家、やさしい川のながれ、たたずむ女性、そこにはかれの人生がながれていた。

「人にも、物にもやさしさが宿っている。僕はそれを描きたい」

3．自然環境と人にめぐまれたなかで。

そのことばが、絵になっていた。

かれは、いかり、みにくさを描かなかった。やさしさを描いた。千年杉の古木を描きつづけたが、そのなかから、みにくいところは感じられない。千年の歴史はかんじられるが、やさしさもまた同居している。他へのやさしさがあるから、ながく生きることができた、とその絵はかたりかけている。

川辺でのかれとの会話で一致したことは、やさしさこそ、忘れてはならないという、一点であった。ひとのためにつくすのも、ともに仕事をするのも、やさしさがあって、成立つもの、とのおもいであった。

千年杉という、古木の枯れたところから、なぜ生きられたかをかたりかけるものがある。となりの樹とのやさしい関係があったにちがいない。森の木々との間にもよい関係があったものとおもわれる。

彼はなにを描きたいために、千本杉をえらんだのであろうか、高齢社会をいきながら、生き続けるためには、やさしさが大事といいたかったのかもしれない。聞く前に彼は亡くなった。

最後にもうひとり、書くことにしたい。

わたしの人生におおきな影響をのこしたひとであり、友人というよりも先輩にあたるS教授、わたしが接したときには、まだ助教授であった。このひとに請われて、わたしは衛生学をおさめ、騒音によってひきおこされる脳代謝の変化を研究することになる。やかましい音のなかで仕事をしていると、からだのいたるところに障害がおこる。それは自律神経の崩壊であることはわかっていた。しかしながら、それが何によっておこるかは、わかっていなかった。からだのなかで発生するもので、神経毒になるものはアンモニア以外になく、わたしはアンモニアを測定することになる。騒音をかけたネズミを殺し、その脳内のアンモニア量を測定すると、たしかにその量はおおくなっていた。それによって、神経細胞のダメージをうけることが、しだいに明らかになっていく。わたしはこれにより、博士論文をかき、医学博士となる。この研究の指導をしてくれたのが、S助教授であったのだ。声のおおきなひとで、わたしの名前をよぶと、部屋の外までひびきわたった。国際会議の出席やら、留学のことまで、さまざまな手ほどきをしてくれたのもS先輩であった。Y談がとくいで、いろいろのことをいって、ひとを笑わせていた。あかるい性格のひとであったので、研究もあかるい雰囲気のなかで終わることができ、わたしは幸いであった。

助教授はわたしを学者にするため、F大学にすいせんし、公衆衛生の助教授の席をやくそくしてくれた。わたしは学問のみちをすすむことに決意していた。

しかし、思いもかけないことがおこり、わたしは政治家の仲間にはいることになってしまう。S助教授にしてみれば、せっかくそだてた部下を、政治にとられることになり、くやしいおもいをしたにちがいない。そのごも二人の関係はつづいたが、学問の世界にいたときとは、おもむきをことにした。厚生労働大臣になったときには、大臣室まできてくれたが、おそらく教授になったほうがよろこんでくれたとおもわれる。

最後には、肺がんにおかされることになる。X線治療をうけることになるが、その時の痛みは激しいものがあったという。

「さかぐち、X線治療だけはぜったいうけるな！」

そう豪語したことをおぼえている。よほど痛かったとおもわれる。それから、一ヶ月ぐらいたってから、どうも悪くなっている、もう一度会っておいた方がよいらしい、との知らせがはいる。わたしが大学病院を訪れると、先輩はよくねむっていた。

わたしは奥方に挨拶をしてかえりかけたとき、

「さ・か・ぐ・ち！」むかし、研究室で鳴り響いたとおなじおおきな声が、きこえた。ねむっていたとおもっていたが、分かっていたのである。今も耳に残るおおきな声であった。それから、まもなくして、先輩の息は止まった。

奥方によれば、あまり親戚、縁者はいないとのこと、わたしは死後の湯かんなど、すべて行事にたちあった。生前の不義理をすこしでもうめあわせるつもりであった。このひとの学問の世界にのこした業績は偉大なものがある。いまも後輩達の語り草になっている。

画家であれ、百寿者であれ、科学者であれ、あるいは秘書官であれ、それぞれの道を一途にいきたひとたちが居て、わたしはこのひとたちに助けられた。このひとたちは、我が道を忠実にあゆみ、よこみちにはずれなかった人種である。共通していることは、やさしさをもち、それを大事にしてきたことである。そしてわたしは、このひとびとから恩恵をうけてきたのだ。わたしじしんにも、やさしさが重要である、とのおもいがあったから、波長が合ったにちがいない。

わたしは今日、八九歳の誕生日をむかえた。みなに感謝をしながら、とりわけここに書いた先輩などにお礼をもうしあげたい。今日のあるのは、協力いただいた皆さんのおかげであり、卒寿にちかいところまで、いきつづけることができた。おもいを新たにしながら、ひとには何が大事かをかきつづけたい。いま書いているものは今年後半に出版されるものとおもう。近年かいたものでは、四冊目となる。
千年杉とはいかないが、百年杉にむけて、すすむことになる。

㋝＊果物のおいしい四国に来て。

わたしは、うまれもそだちも、三重県であり、どちらかといえばおだやかな土地柄である。伊勢湾に面しているため、風のつよさはあるものの、気温は高めのことがおおい。縦にほそながい県であるため、ところにより温度差はおおきい。熊野地方は気温がたかく、台風のとおる回数がおおい。四日市市などは名古屋にちかく、雪のふることもしばしばであり、気温はひくい。

わたしは中央部であるが、山間のちいさな村で少年期をすごしている。平らな田畑よりも斜めになった畑のおおい、まずしいところであり、人々はほそぼそと暮らしていた。夏には魚取りにあけくれして、冬には野兎とりに必至であった。太平洋戦争のはじまったころであり、勉強をする時間はほとんどなかった。

裏山の畑に、柿とミカンの木があったことをおぼえている。おおきな木で、登ってたべた記憶がある。渋柿もあり、カラスなどがたべにきていた。したがって、柿やミカンはそれほど美味しいとおもったことはなく、お腹のすいたときに食べたぐらいである。成長してからも、果物をこのんでたべた記憶はなく、夏にスイカを食べることぐらいしかおぼえていない。ときどきもらったメロンを賞味することはあったが、いつも口にするほどではなかった。

成人してからは、医師のときも政治家のときも、いそがしい日々であり、食物にこだわる生活ではなかった。友人と食事をすることはあっても、果物はデザートとしてでるだけであった。

現役引退後も、生活にはおおきな変化はなく、果物をこのんでたべる日はなかったようにおもわれる。

わたしの生涯においておおきなできごとがおこる。わたしは岡山駅で転倒し、障害者としての毎日をおくることになり、住まいをかえることになるのだ。娘に介護をたのむため、おもいがけないことに、その住まいを高松市にうつしての生活がはじまる。ながいあいだお世話になった三重をあとにして、見知らぬ四国での生活は、さみしくもあり、かなしみもあったが、もう一度再起するためには、やむをえない選択であったのだ。再起のためのリハビリテーションをする日々がつづくことになる。

再起の日程のなかで、わたしにはゆとりがうまれ、生活をたのしむこともできるようになり、食生活を顧みることもおおくなった。いちばん変化のあったのは、果物への関心であり、いろいろの地域でとれた産物を比較することのできる幸運にめぐまれる。それだけ高松市は果物の種類がおおく、ゆたかな内容のものがそろっていた。

わたしは果物の深いあじわいを知ることとなり、これほど食生活が向上するとはかんがえていなかった。ブドウは五月ごろから店先にならび、一〇月にはまだ存在する。その美味しさは想像以上のものがある。ブドウをこれほど美味しいとおもったことはなかった。値段はたかくなるが、それだけの値打ちがある。高いものは、冷蔵庫にいれておいても実がこぼれおちることはなく、いつまでもしっかりとした房になっている。

わたしは血糖値が高いので、果糖のおおいものは避けなければならない。しかし、わたしは御飯を減らしてでも、ブドウを食べたいとおもうようになる。ブドウを食べて食事をしないこともあった。品格のある味覚であり、まいにちつづけて食べても飽きることはなかった。そうはいうものの、たべすぎはよくないので、一度に五個ときめていた。一つの実がおおきいので、五個あればじゅうぶんである。ことしもその季節がちかづき、人生がゆたかになった。

産地により、それぞれ多少のちがいはあるが、わたしは香川でとれたものがいちばん口にあっている。人によってちがいがあるものとおもわれる。小粒のものにはそれなりの味があるけれども、わたしは大粒のものがすきである。種の有無もあるが、ぜいたくをいえば、ないほうがありがたい。しかし多少の種があってもおいしい種類があり、一概にはいえないところがある。

果物はブドウだけかといえば、そうではない。柿もおいしいし、ミカンもとくべつである。とくにミカンのおいしさは香川にきてはじめて知ることになる。最初にもかいたが、裏山の畑にミカンがあり、その木に登ってたべた思い出がのこっている。すっぱいものであったことをわすれていない。それからミカンには、酸っぱさがつきまとうことになる。よくたべる果物のひとつではあったが、じぶんからすすんでたべるほどのものではなかった。

四国にきてからのこと、知人の方から愛媛産のミカンをいただき、そのおいしさに驚くほかはなかった。それから、わたしはみかんに病みつくことになる。ミカンも産地によってちがいはあるが、多少のちがいをのりこえて、よくたべるもののなかにはいってしまう。すぐにたべられる、という気安さもある。なかの袋のやわらかいものもあり、甘さもそれぞれである。なかの袋がおおきく、ひとつで口いっぱいになるものもそんざいする。高貴なブドウとはことなり、庶民的なあじわいが身にしみる。ブドウがでていないあいだ、わたしはもっぱらミカンをたべている。ミカンの味がなくなり、ブドウにはすこし早いころ、わたしは口がさみしくなる。月でいえば五月頃、おいしい果物はないかとおもう。年の瀬は柿があり、しのぐことができる。

ミカンは三重県でもたくさん取れていた。南部の熊野地方であり、特産品のひとつになっている。

ここでミカンをつくっている青年に出会うことになる。

「わたしはうまくないミカンをつくります」その青年は豪語したのをおぼえている。わたしがその地方を訪れるたびに、出迎えて案内をしてくれた。かれの話によると、よいミカンをつくるために、みんながつかっている殺虫剤にはヒ素が多くふくまれているという。その青年は、したがってわたしはつかわない、ミカンがまずくなってもかまわない、そう言い切った。政治家である坂口に、なんとかしてほしいというのである。国会でとりあげると、この地域でとれるミカンはすべて売れなくなる。わたしは悩みながら解決にとりくんだことをおもいだしていた。

あの青年も高齢期にはいっているものとおもわれる。

げんざいでは肥料や殺虫剤に使用されるものには、きびしい制限がくわえられ、食の安全がぜんしんした。おいしい果物も安心できるものにちかづいている。

これからも、わたしは果物に親しんでいくことになる。ブドウとミカンをとりあげたが、柿にも優れたものがある。秋の王様はなんといっても柿にまさるものはない。わたしは干し柿がすきであり、いくつでもたべたくなる。

干し柿には幼いころのおもいでがある。母のことをおもいだすと、渋柿をむいて竹の串にさし、いろいろの話をしてくれたおもいでがよみがえる。

あるとき、母は話してくれた。それは村につたわる昔のはなしである。

「ある娘が柿をとっていると、山から神様があらわれ、あなたによいものをあげるから、そのかわり渋柿を甘柿にかえてください、といいました。よいものとは着物をつくる布でした。娘はよろこんで着物をつくり、それを着て干し柿をつくり、それを神様のところへもっていきました。すると神様はよろこんで、もう一枚布地をくれました。娘はよろこんで、また着物をつくり着てみると、体が空たかくまいあがり、月の国にたどりつきました。するとと神様はさきに月へきていて、みんなに甘い干し柿をたべさせていました。

娘は月の国でみんなによろこばれ、ごちそうをたべさせてもらい、ついに月の王様と結婚することになりました。それからどの家でも、干し柿をつくるようになったという話です」

母の話はとりとめもないことであったが、このはなしには渋柿をどうすれば食べられるか、昔のひとの苦労がにじみでた物語であるとおもわれる。いまではあたりまえのようにおもわれることであっても、おおくのひとの知恵が重なった結果であることがわかる。わたしは、干し柿がすきであり、好んでたべている。お正月のたのしみのひとつである。あまり固くない、柔らかいものをとくに好み、よく味わいながらたべている。正月のお餅のうえにおくこともあるが、固くなりすぎて味が乏しくなるのでこのまない。

柿をたべると母のことがおもいだされ、苦労をかけたのに恩返しのできなかったことが悔やまれる。朝夕に題目をあげながら、わびているが、それですむ話ではない。柿をたべながら、その分を家族にかえしていくひつようがあるとかんがえている。

柿くえば母をしたいて米寿かな

大学の付属病院で診察をうけると、カリウムの値がすこしたかいから、注意をしてほしい、果物はほどほどに、といわれることがおおい。バナナはカリウムがおおいので、控えめにしている。ブドウもけっして少なくないし、ミカンも一日一個ぐらいにするひつようがある。ブドウ五粒、ミカン一個〜二個なら心配はいらない。

くだものではないが、サツマイモはとくに美味しい。しかし、カリウムがおおいので控えめにしている。カリウム血症になると心臓停止もおこりえるという。わたしのように、不整脈のあるものは、注意がひつようである。

健康をまもりながら、すきな果物をたべられるよろこびは、なにものにもかえがたい。味わいながら、ゆっくりとした時間をすごす、これは高齢者の特権かもしれない。そして、土地の利もある。あたたかい四国に住まいをもっているがゆえに、とくにおいしいものを口にすることができる。幸せにはいくつもの要素があるけれども、おいしいものにめぐまれることは、これだけで幸せといっても過言でない。

偶然のつみかさねで、わたしは高松に住むことになり、おだやかな風土のなかで、果物にめぐまれることになる。いままで味わうことのできなかったものを、口にはこぶことができるようになり、リハビリにはげむ勇気をだしている。幸せをかみしめるだけでなく、そこからうまれる気力を、命の発展につなげたいとかんがえている。

そ

＊雲は流れ去るもの。

ひとは生まれたところの影響をうけて成長する。わたしは東からも西からも山がおしよせ、空幅のせまいところにうまれ、そだつことになる。中学校を卒業するまで住みつづけたが、それはきびしい時代でもあった。昭和一〇年代で太平洋戦争がはじまったからである。幼いときも遊びにゆく場所さえなく、ぼんやりと空をみつめながら、縁側で寝そべっていることが多かった。

雲は東にむけて流れることがおおく、そのはやさは日によりことなり、山のむこうへ消えていく。季節により雲のかたちもことなるが、雲は流れ去るものであるとの印象がつよい。

雲のない日はかぞえるほどしかなく、おおくはさまざまな流れ雲をみて生活することになり、雲とつきあう期間はながかったとおもう。

ところが高齢期をむかえてから、偶然にも高松市で住むことになり、三重とはちがった自然環境で生活をすることになる。雲をみつめることはおおいが、雲にたいするイメージを変えつつある。先ほどまで晴れていた空に、いつのまにかおおくの雲が出ているのをみて、どこから流れてきたのか不思議におもっていると、流れてきたのではなくて、雲が湧きでてその場で消えていく。なにもないところにあらわれてくる。あったものがきえていく。初めて観察することができたのである。

雲が流れてくるのではなく、おなじところに生まれたり消えたりする姿をみて、最初は不思議に思った。

わずかな時間に雲のなくなる理由が不明であったが、ちかごろではようやく理解することができるようになった。「晴れた空が俄にかき曇り」浪曲の一節にあったようにおもわれるが、流れてくるにはながい時間がかかるが、そこに湧き出してくるのであれば、わずかなあいだの変化になる。一日のうちに晴天と曇りのいれかわることがおおく、晴れていると安心をしていたら雨になることが理解できる。あんなに晴れていたのに雨になっている、洗濯物をいそいでいれる、そんなことのおおい毎日がつづく。

確かに晴れることはおおいが、一日のうちでの変化もすくなくない。

流れる雲をみていたときから、湧きでる雲をみることになり、わたしのこころのなかも流れがかわったようにおもわれる。流れる雲は時間がかかりゆったりとしたきもちでながめていたが、湧きでる雲は変化がおおく、ときには風雲急を告げることがある。見ているこちらの気持ちも、いそがしくなるようにおもう。青空から曇り空へ、そこからまた雨空へ、かわるまで時間がながくかからない。

人生もまた急変するものであることを実感し、対応をはやくしなければならない。私は人生が急変したとき、なかなかそれに対応できなかったことを思い出す。すべてが雲のせいではないが、ゆっくりとした流れが無関係ではないように思う。

四国のひとの対応をみていると、物事にたいする処置がはやいようにおもわれるし、悪い面では交通事故も多いという。

温暖でのどかな地域であるにもかかわらず行動に速さのあるのは、雲の動きと関係はないのだろうか。

香川の県民性をあらわす言葉に「へらこい」がある。それはどういうことなのか。地元紙によると、利己的で、こざかしく、要領がいいということのようだ。考え方は緻密で、合理的だという。いずれにしてもゆったりと落ちついた人物像ではないようだ。好奇心が旺盛ではあるが、熱しやすくさめやすい特徴もあるという。金に細かいところがあり、見栄っぱりともいわれる。人口あたりの東大卒業生は全国二位、京大は三位というから教育

3．自然環境と人にめぐまれたなかで。

熱心なところでもある。

貯蓄をして子供の教育にあてる県民性である。

それではわたしの生まれた三重の県民性はどうだろうか。古くから伊勢神宮で栄えて、おおくのひとが押し寄せる。


なによりも大切にしているのは愛想のよさ、明るく、愛想よくしていれば、商売もうまくいきほどほどの暮らしができる。したがって無欲でのんびりした性格を形成していると書かれている。ゆきかうひとに三文菓子をならべても商売になり生活ができた。気力のあるひとは生まれなかったと言われている。のんびりとして、個性も強烈でなくほどほどの人がおおい。すべてが伊勢神宮と関係づけられているが、私は雲の流れも関係しているとしんじている。


高松にきておどろいたのは御正月の雑煮である。お餅にあんこのはいっていることであった。お餅は関西では四角に切られていたが、高松では丸く、関西ではなにもはいっていない。なぜ甘いあんこがはいっているのか誰に聞いてもよくわからない。正式には「餡餅雑煮」というらしい。昔からそうなっているという。

おはぎにも黄粉でまぶしたものがあり、やはり中にはあんこが入っている。お餅であれ御飯であれ、丸くまるめたものにはあんこをいれるのが習慣のようだ。三重のおはぎはあんこや黄粉で表面をまぶしたものであり、中にいれたものはない。有名なお菓子にしても赤福なども表面にあんこをまぶしている。

四角と丸、外にあんこか中にあんこか。ちがいはなぜうまれたのか。歴史的にみても津城の初代大名藤堂高虎は四国からきたひとであり、現在の愛媛県から国替えをした人である。

おおくの家来も三重にうつり住んだはずである。津市にはいまでも伊予町というところがそんざいする。四国の文化が三重にながれてきたはずであるが、そのころ高松はどこに所属していたのか。丸い餅やあんこのはいった餅は現在の津市にはみあたらない。歴史本によれば、ひとびとのなかに、江戸末期から明治にかけて雑煮はできあがったという。サトウキビから砂糖がとれるようになり、お正月だけはみんなに甘いものが与えられ、それが現在も受けつがれているといわれている。これが事実なら藤堂高虎は江戸中期であるから「餡餅雑煮」はまだできあがっていなかったことになる。この雑煮は地域的にも高松を中心とし現在の香川県全体の習慣ではないらしい。

あんこをつつみ込むためにお餅は丸くなったものとおもわれる。甘いあんこを役人にばれないように中に包みこんだという説もある。この説は正しいかもしれない。

どんな殿様に仕えたかによって、庶民の生活にちがいがうまれたことは想像にかたくない。四角か丸か、いまでは単純にかんがえているが、生きた時代のきびしさが日常生活に影響していると、かんがえることができる。戦後の食糧難できびしい時代をいきたひとは、御飯の一粒、一粒を大事にして食べるといわれる。

習慣が飽食の時代にも残っているのだ。

食事をたべる早さにも若いときの生活習慣ののこっていることがおおい。急いできまった時間に出勤しなければならないひとは、はやく食べる習慣がのこっている。わたしは田舎での生活がながくつづいたので、電車の本数がすくなく、朝早くおきて食事をすることがもとめられた。高齢になった今も食事時間は速い。

この食事時間のはやさは体調への影響があり、どうしてもおおくのものを食べることになり、糖尿病の原因になったとおもわれる。

糖尿病は動脈硬化をおこし生涯の長さをきめることになる。わたしはいま全力をあげて血糖値との戦いをつづけているが、この年齢になっても今後の人生を左右することは間違いない。

とくに重度の介護が必要になることだけは避けたいとねがっている。自分だけでなく家族を巻きこんで苦労をかけたくないとおもうからである。

わかいときに勤務上営業関係の仕事をしたひとのなかには、お酒をのむ機会のおおかったひともいる。お酒に弱いひとは心得ているが、つよいひとや好きなひとはどうしても飲みすぎるきらいがある。その習慣は仕事をやめてからもつづくことになる。その影響はかならず体にあらわれる。脳梗塞や心筋梗塞になるひともあれば、肝炎になるひともそんざいする。脳梗塞になれば手足の運動障害や言語障害があらわれ、重症になれば移動が困難になり、車椅子がひつようになってしまう。食事の介護もうけることになる。懸命にリハビリをおこなっても限界があり、早期の治療や予防をしなかったことがくやまれることになる。

生活の習慣が病気に直結することをかんがえておかなければならないし、雲をみてぼんやりと過ごす時間のもちかたも無意味ではなくなる。県民性といわれるものも生まれるが、それらがいつのまにか行動へと影響をあたえているのだ。雲の流れなどどうでもよいようにおもわれるが、住むところにより自然環境がかわれば知らないうちに変化をうけることになる。長期間でみれば自然環境は遺伝子にたいしても変化を与えることになるのだ。恐ろしいものである。
流れていく雲は静的な印象をあたえることがおおい。それにたいして湧きでる雲は動的な印象をあたえることになる。
人々の生活にも自然現象のすがたが反映されていくことになるのだ。
四国の空は晴天から曇天
曇天から雨の日へ
急激な変化がおこりやすい
天にわかにかき曇り……
それは眺めるひとの考え方にも反映され
行動にも影響する。

た
＊人生は儚いか。

はかないという字は人偏に夢とかき、あわく消えやすいことをいっているようだ。日本でつくられた文字ではないかと想像したが、中国古来の文字にあり、「愚かでぼんやりしたひと」を意味するとのことである。

人＋夢は、ひとはもっとよい人生をおくりたいという夢をみることかもしれない。中国で考えたものであれ、日本で作られたものであれ、文字にはそれなりの思いがこめられている。横文字とはちがい、漢字には思いがにじみでて、読むひとに楽しみを与える。

さて、人生は儚いとみるか、それなりに充実したものであると思うかは、それぞれの人の考えによるものである。幾つまで生きるか、何をしたかったか、それは限りのない話であり、多くの人はこれぐらいでよかったのではないかと妥協点を探しだしているものと思われる。しかし、配偶者をはやくなくしたとか子供をうしなった人は、あの人やこの子が生きていたらと思うにちがいない。

ここに書く「人生は儚いか」の内容は、なくなったひとのことや、別れたひとのことはべつにして、生涯のあいだに行った仕事についての満足度を問題にしたいと思う。

人生の成功者といえば、まずあげられるのが松下幸之助氏であり、松下語録をのぞいてみると「自らに与えられた天分を完全に活かしきること」の主張が目につく。人間はじぶんの意志でみちをもとめることができる反面、じぶんの意志以外のおおきな力に動かされている、とものべている。

本田宗一郎がいったといわれる言葉に、「伸びるときにはかならず抵抗がある」「失敗のない人なんてほんとうにきのどくだ」などがある。

ソフトバンクグループの創業者、孫正義社長はおおくの苦難にうち勝っている。「在日韓国人三世」であることから家族とともにいろいろの苦労をのりこえている。大学に入学するとき、つぎのことをきめている。「毎日ひとつずつ発明し、それを一年間つづける」目標をたてたと伝えられている。

シダックスの設立者、志太勤氏は、「人間はもってうまれた能力におおきな差はない。結果のちがいは、本人の努力次第」。（原文のまま）

怪我、倒産、工場・自宅の全焼、のすべてをのりこえている。このほか借金もあり、そのすべてを乗りこえた。

日本人の成功者といわれる人の言葉をいくつかとりあげてきたが、共通していることはそれぞれの苦労を乗りこえていることであり、苦労を挑戦の気持ちに切りかえていることである。

しかし、一般人も苦労をしていることはおなじであり、懸命の努力をしているのもおなじである。それでは何が成功者と一般人との違いなのか、成功者はこれでもかこれでもかとあきらめず努力を続けていることである。努力をつづけていると成功例に突きあたる可能性もふえることになり、あとから考えるとよかった点も知ることができる。努力をつづけるには時代にかなっているかどうかを検討することも必要であるが、資金もつづかなければならない。やはり総合力も必要になる。時をみる目と努力の継続性がもとめられ、それをもちこたえる精神力が要求される。

成功の坂道をのぼることのできる人は、このふたつをもちつづけたことになる。もうひとつ加えれば精神力、すくなくてもこれだけは必要なことがわかる。そのなかで坂道をのぼりきる人は絞られてくるのだ。途中で落後する人のほうがおおいことをしりながら、それでもその山をめざすひとがおおくそんざいし、限られたひとが最後にのこることになる。

それでは成功しなかったひとはすべて「人生は儚い」とみるかどうかであるが、そうではないとおおくのひとが思うにちがいない。成功にもそれぞれの段階があり、部分的な成功者がたくさんそんざいする。技術面では一部ができたひともそんざいするし、総合力でもほどほどのところまで達成をはたしたひとも、おおくいるものと思われる。この人達はある程度の満足感をもつかあきらめの心境をもっていることだろう。完璧に失敗したひとのなかには再度挑戦するひともいる。もう立ちあがれないひとだけが、「人生は儚い」とおもうことになる。いつまでも挑戦する気持ちのあるひとは、人＋夢にはならない。

身内のひとを亡くするとか、悲しい別れのあったひとはべつにして、人生を儚いとなげくひとはそれほどおおくはないと想像するが、若いときから健康を害したひとのなかには、そう思うひとがいることだろう。

生きていくことにみずから区切りをつけるひとがいる。日本の自殺者数は二万一千人をこえ、先進七カ国中でもっとも多くなっており、一〇代、三〇代の死亡順位はトップになっている。

平成二九年には「自殺総合対策大綱〜誰も自殺に追い込まれることのない社会の実現を目指して〜」（原文のまま）が閣議決定された。

さいきんでは中高年の自殺がふえて、失業者や年金生活者がおおいという。その原因については、男女ともに一位は健康問題になっているが、くわしい統計はえられていない。女性はつぎに家庭問題が入っている。

さいきん、わたしは自然治癒力をたかめる薬剤やサプリメントを使用する自由診療の医師達と交流することがふえている。

この医師達から聞いた話であるが、ちかごろ自殺者がふえているという。精神科の医師達がだす薬によって自殺がおこるというのである。もちろんこの薬は保険点数として認められているものであり、その副作用として電車への飛び込みなどがはっせいするという。

特別な薬ではなく、おおくの医師達が日常的にだしているというのだ。これが事実ならすておくことのできない話であり、一例や二例とくべつにおこった話ではないという。自殺者の増加がすべて副作用でおこるものではなかったとしても、何％かがおこるとすればゆゆしき問題である。政府が認めている薬もおおくあり、ほかにもそのようなものはないか調べる必要がある。自殺の原因については、なくなったひとのことであり、その理由を明らかにできないむずかしさがあり、統計などもとりにくい。

病気のなかでも生きていくのが苦しいひとに、どのような手をさしのべるべきかの問題もある。痛みのあるひと、だるさのあるひと、この人達のことは他人から理解をえられない。わたしの妻はリウマチがあり、最近はよい薬もできたので普段から痛みがあるわけではないが、年に一・二度対応がおくれると、はげしい痛みにおそわれることがある。本人だけしか痛みはわからず、いかにつらいことか察するにあまりある。さいきんでは、はげしい痛みの前兆に気づくようになり、わたしはある噴霧薬を痛みのおこる皮膚に噴霧する。するとふきかけた皮膚やなかの筋肉がジンジンするというが、おおきな痛みがおこらずに治まっていくことがおおい。もちろんこの噴霧薬は保険薬ではなく、あるサプリを混合してわたしがつくったものであり、炎症を抑える作用がある。炎症がはげしくなってからでは効果がない。

痛みのはげしいものには筋痛症などいろいろの病気があり、おおくの人が苦しんでいる。うつ病をはじめ精神的な病気にたいしてどうするのか、おおきな問題であり、家庭的なことにしても経済的な問題にしても、そのもとをたどっていくと、精神的な病気の存在がみえかくれする。いろいろのストレスにさらされるときも、うつ病などに関係することがおおい。自殺の原因は複合的であり、簡単にかたづけることはできない。たんに健康問題という言葉でひとくくりにすることはできない。

ここでは病気で、はかない、と感じるひとは別にして、ふだんのくらしのなかで、儚さを感じる人をとりあげたい。

将来のじぶんの仕事をはじめ、人生に希望をもっているひとは、すくなくとも儚さは感じていないはずだ。人＋夢のごとくユメがあれば、現在の仕事にゆきづまりがあったとしても、前をむいて進んでいくにちがいない。ましてや人生のいくすえに希望があればおちこんでいくはずはない。

問題はいくすえに夢をもてないひとであり、自分の将来に自信をもてないために希望もでてこないことになる。どんなひとがあてはまるのだろうか。考えられることは助けてくれるひとがいないことではないか。人つきあいの悪いひとである。さらに考えられることは、仕事の改善ができずいつまでも採算のとれない仕事をつづけているひとである。

そうだとすれば、はかない、と思っているひとに力をあたえることは、それほどむずかしいことではなく、もう少しおおらかに考えてよいことになる。夢をもたせるために、専門的な知識のあるひとが手をさしのべることもかんがえられる。成功者とおなじに仕事をさせてみることも良いことである。すなわち、なんらかの伴走者をつくることである。夢の伴走者だ。

人生をはかなんで自殺をするようなひとを少なくできるし、手をさしのべることによって成功者にみちびくこともできる。人との接し方がうまくできないのは性格が関係するので簡単にかえることはむずかしいかもしれない。本人が自覚していないこともあるが、よく理解させれば解決できることであり、大きな自信につながる。

将来に夢をもつためにはなにが必要なのか、すくなくても努力をした結果が徐々にみのり、あすの楽しみに結びついてくることがはげみになることだろう。三前一後ということばがあり、常に前へ進んでいるわけではなくて、三歩前にゆけば一歩後ろにさがる、そんな日常の姿をしめしている。経営者にとってもよい姿のひとつであるにちがいない。ときには一前三後のこともあるだろう。

最後は気力であり、のりきる力がわきでることにむすびついてくる。

夢をもたないひとは、はやく手をさしのべないとストレスになり、うつ病におちてしまうひともすくなくない。病気をもった人をひきあげるのはさらにむずかしくなり、時間もかかり手をさしのべる労力もおおきくなる。夢をもたないひとには、はやく手をさしのべるべきである。

みんなで人生は、はかない、と思うひとをへらすため、努力をするときをむかえている。

ち＊くすりの好きな人

あたらしい薬がつぎつぎと登場して、おおくのひとが薬を飲んでいるようにおもわれるが、世界で年間認められる新薬はそれほどおおくはないことを数字はしめしている。二〇一七年、五年ほど前であるが、世界中の医薬品メーカーがつくった新薬の数は四六であり、そのつぎの二〇一八年ではすこしふえて五六、年間にできる新薬はあまりおおきなものでなく、五〇前後である。日本の製薬企業だけをみても三五〇社ぐらいはあるので、ほとんどの企業は新薬ゼロになっているのだ。どの企業もおおくの研究者をかかえているし、年間の投資額をみても、企業は最大限にだしている。新薬をつくるにはながいあいだの研究がもとめられ、一〇年以上、百億円の財源を必要とする。

なぜそれほど新薬は難しいのか、もうすこし簡単にできないのかとおもうにちがいない。体のなかにはいった薬は体の隅々にゆきわたらなければならない。そのためには水に溶ける必要がある。体のなかでは血液にのって運ばれるから、水にとけないものははやくにたたないし、胃腸を通過するので消化されては効果がなくなる。

水に溶けて、消化されないもの、それだけでも作るのはむずかしいといわれる。薬をつくる難しさは山ほどあるが、ここでとりあげることはやめることにしたい。

ひとによって薬の好きなひとと嫌いなひとがある。わたしはどちらかといえば好きなひとに属し、とくに新しい薬やサプリメントがでるとすぐ欲しくなる部類である。夫婦でもちがうことがおおく、わたしの妻の方は嫌いなひとに属する。

「そんなの飲んで大丈夫なの？」妻がわたしにいつもいう言葉である。

「大丈夫だよ！」いつもいいかえすが、本当に大丈夫かどうかをしらべているわけではない。これに効果がある、この症状には良いとの話題があると、すぐ試して見たくなるのだ。

「あなたそれでも医者なの？」嫌みを言われることもある。医者だからこれを飲んでも悪くはならないことがわかる、心の中でそうつぶやいているのだ。最近では先進医療にふくまれる高価なものも存在する。わたしが口にするものは高価なものだけでなく、昔から存在する食物でもこれが何々によいといわれればそれを食べたくなるのだ。例えばらっきょうの酢漬けが心臓、不整脈によいといわれれば、らっきょうの酢漬けを毎食たべたくなのだ。ときどき脈をみながら良いように思えてくるから不思議である。スマホでしらべると、血行をよくし免疫を改善し、アンチエイジングの作用がある、ますますわたしは引き込まれていくことになる。鳥取県から表彰されそうな話であるが、現実に起きた話である。

体によい、わるいではなくて、食物の好き嫌いにもおなじようなことがある。年をかさねてみると、この好き嫌いが成人病のなりたちにおおきく関係していることをしるのである。お酒の好きな人もあれば、甘いものをこのむひとも存在する。肝臓に異常をきたしても、すきなものはやめられないひとがいる一方、血糖値が危険水域を越えているのに饅頭を買うひともすくなくない。自分のこのむものが、どれほど健康を害しているかを承知しながら、それでも習慣をつづけているひとがなくならない。継続すること自体が病気の症状である。

治る薬はないかと、どれほどさがしても、それは無理な相談であり、本人もよく分かっていながら習慣を変えられない。

タバコののみすぎも同じであり、塩分のとりすぎも同様である。

これらのすべてが病気と結びついている。中年になって食物のありかたの軌道修正をしている人も多い。

好きなものに拘りつづけるひとは、そのこと自体が病気のはじまりということができる。初物食いで効果のある薬やサプリを飲むのは、それによっておもいがけない結果にむすびつくこともあり、まだ救いようもあるが、食物への拘りは病気をつくることになる。長い目でみるとこちらのほうが罪深いことになる。

薬の初物食いは目立ちやすいため話題にされることがおおいけれども、食物の好き嫌いは一般的なこととして、みのがされることがおおい。どちらも好き嫌いに関係しているし、いずれも健康にかかわることである。食物の好みはもっと重要視することがもとめられ、小さいときから関心を寄せなければならないことである。専門書を読むと遺伝的要素と環境的要素が指摘されている。

味覚は胎児のときから影響するとのべられている。母親とのありかたをかんがえることが重要である。妊娠中からニンジンジュースを飲んでいると、生まれた子供にニンジンの嫌いな子はすくなくなるとの研究結果も発表されている。しかし一般的には、嫌いなものにたいする研究がおおく、好きなものがなぜ生じるかについてはすくないように思われる。

高齢期をむかえ発生する病気からかんがえると、すきな食物がなぜ生まれるのか、にもっと関心をもつべきだろう。中毒、依存症まですすんでしまうと、引き返すのは難しくなってしまう。アルコール依存症の家族や本人のくるしみをみれば、この病気がただごとでないことをしるべきである。もうすこし手前で自分のこのみを振り返り、つよい決意でもって好きなものをたちきることであり、早期に自分はおおきな病気の入り口にたっていることを感じなければならない。

「好き」は「隙」にひとしく、食事のあいだに隙間をつくることがもとめられる。好き嫌いはあって当然であるが、それには程度があって自分で抑制できる範囲内に収めるべきものである。

特に甘いもの、塩分のおおいもの、アルコールのおおいものは注意がもとえられる。好きなものは過ぎないように、好きなものは食事の間隔に隙間をつくるように、カタカナで書けば、「スキ」なものは「スギ」ないよう、「スキ」マをつくる努力が必要である。糖尿病は足の切断や腎機能の消失につながり動脈硬化もまちうけている。

塩分のおおいものは高血圧、脳血管疾患や虚血性心疾患にむすびつき、アルコールには依存症の悲劇が到来するのだ。いずれも七転八倒の未来につながることになる。

人間にとって好き嫌いのえらびにくいのが住むところであり、たいていのひとは、生まれたから、あるいは仕事の都合上やむなく住んでいるのであり、この気候が好きだから住まいをここに選んだというひとはすくない。わたしは長い人生のなかで住んだ場所はそれほどおおくはない。三カ所しかなく、生まれた三重がもっともながく、仕事上で東京と、そして晩年くしくも香川県高松市に住まいをうつすことになり、おそらくこの三カ所で終わるにちがいない。三重も香川もおだやかで温暖であり、東京も気候的には温暖である。

東京も三重も地震はおおく、香川はすくないとおもわれる。

三重は台風銀座といわれ、気候に左右されることがおおいところである。香川にきておもうことは台風やはげしい風雨はほとんどなく、温暖の日々がつづく。地震もすくなく、おおきな揺れはけいけんしたことがない。自然災害の起こらない土地柄であり、冬におい てもほとんどさむさをかんじない。雲が一割以下を快晴ということになり、二割から八割は晴れということになっている。これにしたがうと合計した晴れの日は、香川県が全国一位となっている。

わたしは不整脈により転倒し、九死に一生をえていきかえる。しかし、左下肢の麻痺がつづき、ＱＯＬが低下したため娘をたよることになる。好き嫌いでえらんだ香川ではないが、わたしに適したおだやかな土地であり、果物がおいしく魚介類も豊富である。これほどおいしいブドウやミカンを口にしたことは今までなかった。貧血気味になって寒さをかんじる体には、温暖ほどうれしいおくりものはなく、食べ物にも恵まれすばらしい日々である。

怪我の功名という言葉があるが、その言葉通りになった。ただあたらしい仕事をしたいとおもう時には、東京が便利であるが、ちかごろはＺＯＯＭなどを利用して会議に顔をだすこともできる。

しかし一般的なことをいえば、住まいは仕事に左右され、おもったようにならないことが多く、ほとんどの人はどこに居住するかについては諦めている。

家を買うにしても、仕事をするうえで便利なところがえらばれ、それいがいでは土地の値段に左右されてしまう。ましてや気候条件など好みの場所を選ぶことはできない。

好きなところを先にえらび、そこで能力にみあった仕事をさがすことのできる時代はくるのであろうか。少子高齢化がすすみ、働き手がすくなくなったときには、住所を先に選べる時代がくるかもしれない。仕事をする能力に自信のあるひとは、住所優先のいきかたができるとおもわれるが、技術を持たない人はどうなるであろうか。

好きな住所を選ぶひとがどれだけそんざいし、どんな職業をもとめる人がどれぐらいになるかを先に調べるシステムができれば、企業が後からついてくることになるだろう。人口を増やしたい地方自治体の中にはそのようなシステムを開発するところが生まれる可能性がある。

勤務優先の社会から住所優先へ、転換するときがくればよろこばしい。人々はどんな住所を選択するのであろうか。気候条件をあげるひと、港や空港があって海外と交流したいひともいるにちがいない。

海や山のすきなひと、歴史的な遺産をこのむひと、なにをかうにも便利なところをえらぶひと、医療の受けられることを優先するひと、芸術にたずさわることが好きなひとなど、人はそれぞれの住所をこのみにあわせて優先することだろう。勤める場所は二次的にかんがえ、それぞれ好みの住所を選択するいきかたもあり、社会全体がこのような選択を優先すれば、現在とはちがった人生がうまれることもかんがえられる。

街づくりや地域づくりも、いままでは漠然とかんがえ、どの地域も同じような住まいをつくりあげてきたが、住所優先の選択をすすめることにすれば、特色のある街や地域がうまれることになり、人々をひきつける地域づくりを地方自治体もかかげることになる。首長は選挙のときに、もっと鮮明に街づくりの理念をしめすときがくるにちがいない。どのようにかんがえる人が住みたい街をつくるかが選挙公約になるときが訪れる。

気候が温暖であることだけを強調しても、それは自然にそなわった環境であり、それだけを売りにすくことはむずかしくなる。その自然環境のところでどんな生活をできるようにするかが問われる。

自然環境だけでは高齢者ばかり押し寄せることになるかもしれない。四国も四県存在するが、それぞれが自然環境プラス〇〇をかかげ、それに相応しい街づくりをしなければならない。

わたしが住んでいる香川県高松市は自然災害のすくないところであるが、自然の恵みプラスどんな街になるのであろうか。市長さんにお会いする機会があれば尋ねてみたいとおもう。

つ

＊なぜ象はガンにならないか。

にほんでは三〇％のひとがガンに罹患するといわれているのにたいして、動物の世界ではガンにかからない種類があるという。あのおおきなからだの象である。調べてみるとまったくかからないわけではないが、三％程度であるといわれている。象はガンにかからないといっても、いいすぎではない。なぜなのか、誰しもふしぎにおもうし、研究者があらわれるのは当然である。

ところが研究されたのは比較的あたらしく、二〇一三年のことであり、論文として記載されたのは二〇一五年になっている。二つのチームからでているが、結論だけをかくと次のようになる。人間では細胞が分裂するとき、コピーミスがおこり、それをできるだけ修復してガンにならないようにしている。しかし、一部がガン化する。象ではその修復をするのではなく、コピーミスをおこした細胞そのものを殺傷するようになっている。細胞をたてなおすのではなく消し去るようになっているというのだ。消し去る遺伝子のコピーが、ひとでは一個しかないのに、象は二〇個もっているという。

研究者たちは体のおおきい、ちいさいと、ガンになりやすさをしらべるなど、本質がわかるまでには、苦労をかさねた。なにごとも真実を知るまでは、ながいみちのりをひつようとするものである。

なぜガンは治らないのか。これもむずかしい質問である。いまから六〇年まえにもいわれていた。そのころにガンを研究していたわたしの恩師は、ガン細胞とふつうの細胞のあいだには質的なちがいがないからだとかたっていた。ガンにふくまれているものは正常細胞にもふくまれ、ガンだけがもっているものはそんざいしない。したがって、ガン細胞を治療すると正常なものものもえいきょうをうけてしまう。

遺伝子まで解明されたげんざいにおいては、言葉をすこしかえるひつようはあるが、おおきな方向性はいまもかわっていない。ガン治療はいまも正常細胞にえいきょうをあたえている。細胞間の質的なちがいはあきらかになっていない。

いろいろのこころみが続いているが、そのなかにMDαというサプリメントがある。これはガンにきくようにつくられたものではない。体の基礎代謝を正常にもどすサプリである。これを飲用すると、どの細胞にも正常にするはたらきがあり、ガン細胞も正常にもどるようにおもわれる。けっかとして、がん患者にもよいけっかがうまれている。わたしの恩師のことばにしたがえば、質的なちがいがないために、正常細胞に良い結果をあたえるとどうじに、ガン細胞にもよいえいきょうをあたえることになるとおもわれる。

これは、治療薬にもあてはまることであり、正常細胞に効果のあるものをつくれば、ガンにも効くことになる。この発想はいままでなかったものである。ＭＤαは正常細胞を正常にもどすためにつくられたものである。しかし、ガン細胞もふくめてすべての細胞を正常化がすすんだことになり、ついでながら良い結果がえられたものとおもわれる。基礎代謝が改善し、ミトコンドリアが活性化することになり、それが免疫細胞を活性化することになる。これは赤木医師の水素ガスによる治療がミトコンドリアという小胞体を活性化することになり、それが免疫細胞のヘルパーＴ細胞を活性化することにつらなり、ガン組織が縮小することと同じパターンである。

基礎代謝の改善は、とうぜんのことながら、ひつようなエネルギーの生産であり、それはＴＣＡサイクルをまわすミトコンドリアの仕事である。ＭＤαはミトコンドリアを元気にする素材をあたえることになり、ミトコンドリアをたすけることになって、エネルギーをふやすだけでなく、免疫細胞も活性化させるものと考えられる。免疫細胞のなかにもおおくのミトコンドリアがそんざいする。その活性化は免疫細胞も活性化することになる。

あたらしい医療もすすみつつある。その先端をいく医療がなぜ保険で認められないのか。何度もかいているように、日本医療研究開発機構ＡＭＥＤは医療研究から臨床医学への橋渡しをするところであり、この機構の認可がおりないうちは保険に入れない。認可されるまでにおおきな時間と費用がかかり、ながい年月を要する。

対象となる医薬品が、どれだけの効果があり、副作用のでることはないか、詳細なけんとうがひつようになる。製造側からは必要以上に検討項目をだされると、非難もおおきい。諸外国にくらべても、日本は認可に時間がかかることで有名である。よい薬がみんなのところにとどくまでに時間がかかりすぎることになる。

さて、象はなぜガンにかかりにくいのか、すでに書いたように、コピーミスの細胞を処理するにあたり、人は修繕しようとするが、象はその細胞を殺傷することになり、かかりにくくなっている。殺傷する遺伝子のコピーをいくつもっているかによって、人と象の差がでている。遺伝子のちがいであるといえば、それまでである。

それなら、なぜ遺伝子のちがいができたのか、ひとはなぜそうならなかったのか、象はなぜそうなったのか、そこが知りたいところである。Ｐｅｔｏという研究者は、体のおおきい、ちいさいと、ガンになりやすさは関係ないことを明らかにした。この説がただしいかどうかについて、おおくの学者が研究をかさねている。その過程のなかで、遺伝子のちがいをみつけているのだ。なぜコピーミスの細胞を殺す遺伝子がふえたのか、研究者たちは象の体がおおきくなるうちに、うごきが緩慢になり、代謝や細胞分裂のスピードがおそくなった。それと関係しているのではないか、とかんがえている。しかし、このかんがえかたもわかりにくい。

象は体がおおきいがゆえに、体細胞数もおおい。コピーミスのおこる回数もおおく、その損傷を修復しても、ガン細胞のできるきかいはおおくなった。それをのりこえるために、細胞を消滅するための遺伝子が徐々に増加したのではないか。これはわたしの推論である。もとはひとと同じく、修復することが中心であったが、消滅するほうこうへ徐々に変化したのではないか。こうかんがえたほうが自然である。

しかし、じっさいのところは、その原因はわかっていない。

また、象とのちがいを治療に生かすこともできる状態ではない。これほど遺伝子の種類についてはわかるようになっても、その遺伝子をつくりだすこともできないし、無くすることもできない。その存在をみとめそれにしたがうのが精一杯である。象がもっているTP53という遺伝子を人にもふやすことはできないのか、誰しもそうおもうにちがいない。

それはできないのが現状である。

象がなぜこのようになったかは不明であり、ひとの治療に応用することもできないことがわかる。これでは学問的な意味がすくないといわなければならない。

ここでもうひとつサプリメントを紹介したい。ブラジルの樹からとった物質を生産した、タヒボという名前のお茶である。わたしはいままで知らなかったが、かなり有名になっているとのことである。このお茶にガン細胞を細胞死（細胞自殺）させるものがふくまれているといわれている。ひとの細胞は一定回数の分裂をくりかえすと、死亡するように仕組まれている。細胞のなかのミトコンドリア機能として、アポトーシス（細胞自殺）があり、このタヒボ茶はガン細胞だけをアポトーシスに誘導しているというのだ。正常細胞は誘導していないこともあきらかになっている。アポトーシスは遺伝子のなかにくみこまれている。タヒボ茶にふくまれている物質は遺伝子の内容をへんかさせているということになる。

わたしがいいたいのは、自然界にそんざいする物質でも、遺伝子の内容をへんかさせているのに、なぜ象の遺伝子にへんかをあたえることができないのか、ということである。研究者によるいっそうの研究を期待したいところである。

象がガンにならない理由は、遺伝子がかんけいしていることはわかったが、それを変化

３．自然環境と人にめぐまれたなかで。

させることも、利用することもできない。人間がおなじような遺伝子をもつことができなければ、それを知った意味がそんざいしない。

しかし、「遺伝子の組み換え」には賛否がある。いずれにも、つよい賛成と、つよい反対がそんざいするのだ。植物の品種改良についても反対がある。虫につよいジャガイモをつくるにも反対するひとがいた。遺伝子に触ることじたいに反対なのである。厚生労働省によれば日本でみとめられているものは、八品目しかそんざいしない。大豆、じゃがいも、とうもろこし、などである。

反対のおおきな理由は、健康へのえいきょうを心配してのものであり、もうひとつは環境へのえいきょうである。「危険」というよりも「安全性がうたがわしい」という主張である。

ましてや人体の遺伝子にさわることには、おおきな反対がそんざいするのは当然である。しかし、いままで治療法のなかった難治性疾患や、ガンなどの治療のむずかしい病気にたいしては、「遺伝子治療」の研究がすすみはじめているのも事実である。ようやく緒についたところである。

象の遺伝子にみならい、ひとの遺伝子操作ができるところまで進んでいるとはいえない。

つ＊なぜ象はガンにならないか。

象のけんきゅうから人に応用できないのか、という立場から話をすすめてきたが、遺伝子治療にはおおきな反対論のあることを伏せてきたのである。しかし、研究のつみかさねによって、危険でないことがだんだんとあきらかになり、日本もおくればせながら国からの予算もつき、保険でみとめられるものもでてきたところである。研究者がすくないという問題もある。

象のガンになりにくいことが、ひとのガンをなくする遺伝子治療になるまでには、もうすこし時間がかかるようだ。しかしながら、門戸はひらかれており、研究者のあらわれるのは近いものとおもわれる。

て

＊文章生成言語モデル。

よのなかの進歩は人間の体にもおよび、それぞれの臓器のはたらきを再現するだけでなく、より完璧なものをつくりだしている。腎臓をわるくしたひとは腎透析をうけ、生きることができるようになった。最近では、むずかしいといわれてきた心臓細胞をつくり、治療のできるところまで進んできた。

ほかのことはできても、脳だけは真似ることができないだろう、といわれてきたが、人工知能の進歩により、将棋の世界などではめざましい結果がでている。名人といわれるひとよりも、つよいＡＩが登場したのである。碁でも、チェスでもおなじことだ。

そんなことにおどろいていた矢先、それどころではない話がはいってくることになる。チャットＧＰＴ、ききなれない言葉であるが、アメリカのＯｐｅｎ社というところが開発した人工知能であるといわれる。

文章生成言語モデルとよばれ、こちらの要求に応じて会話語でこたえてくれるという。日本語版もできており、論文でも小説でも、すぐにつくってくれるというのだ。料理の献立もプログラミングも可能である。たいへんなものが登場したものだ。

すべては過去のデーターをよせあわせて作成している。論文をつくるときも、過去のデーターをあつめることは容易でない。それをすぐにやってくれるとすれば、時間は短縮され、とりこぼしもなくなる。論文を書くひとには、こういう結論にしたいという希望がある。それをかなえてくれるのであれば、データーの取捨選択をしてくれることになる。うれしいことではあるが、データーの蓄積に歪みをしょうじることにもなる。

小説を書いて売るひとがいると、わずかな時間のあいだに、いくつもの小説をつくることができる。こんなストーリーでこんな結論にしてほしいと頼めば、それにふさわしいものができるのかどうか。

探偵ものでもかいてくれるかもしれない。しかし、あたらしい結論をみちびきだすことができなければ、価値はさがることになる。

絵画のせかいはどうなのか。漫画もかのうであれば、つぎつぎとできることになる反面、失業するひともでることになるだろう。日本のアニメは世界的に人気があり、南米、アフリカなどではすごいことになっている。このような世界にどのような影響をあたえるのだろうか。模倣ものがでまわることになり、日本の産業にえいきょうすることもかんがえられる。

コンピューターに、人間がしてほしいことを指示すること、それをプログラミングとよんでいる。これもチャットＧＰＴがおこなうことになる。いままでよりも短時間で、しかも正確に、結論をだしてくれるとすれば、社会の進歩にもつながることになり、おおきな前進である。過去のデーターであったとしても、未来を予測するものになるかもしれない。おそらく人工知能は、ちかいうちに未来の予測をかのうにするだろう。それが可能になれば、進歩のスピードはあがることになるとおもわれる。

人工知能が話題になりはじめたときに、この「さらば、卒寿」をかきはじめていた。

わたしは、ぶんしょうのなかの、ひらがなをおおくして、すくないかんじにひかりをあて、さらにひらがなだけのところをつくり、くりいれた。それはチャットでつくったぶんしょうでないことをしめしたものといえる。ひとすじのかんじを、四にとどめ、よみやすくした。いくつかのかんじがつづくばあいには、ひとつにかぞえた。これまでかんじでかいていたところを、ひらがなでかいているため、よみにくいところがあるかもしれない。ぶんしょうにどくとくのあじわいをだすための、かんじにひかりをあてるためのこころみでもある。そしてチャットのぶんしょうでないことをしめしたことになる。ひらがなでかいてみると、ひらがなのあじわいがあり、ぶんしょうにやわらかみをましたこともじじつである。

漢字の字数をへらし、光をあたえるこころみをしているのが、この文章である。一行の漢字を四漢字熟語以下にした。

かんじのかずによって制限することもかんがえたが、読みづらくなるため中止した。

論文をつくることに話をもどしたい。データーをあつめることは容易でない。それをあつめて図表をつくり、その解説までしてくれるという。研究をするひとは、それに自分のデーターを加えて完成することになる。いままで費やしていた時間を半減できることになり、研究者の負担をへらすことができる。過去のデーターを集積したばあい、予想をこえた結果がしめされることもあるにちがいない。研究者は、研究の方針を変更しなければならないことも生じるものとおもわれる。じぶんの研究しようとしていたことが、すでに他の国や、その他の機関によって行われていたことが判明することもあるだろう。そうなれば研究そのものを見直すことになる。

わたしは大学院時代、騒音の脳代謝におよぼす影響について、まいにち研究をつづけていた。ロシアの学者が脳に電気刺激をくわえると脳内にアンモニアが蓄積し、その障害のおこることを発表していた。わたしは騒音によっておこる体の障害も、アンモニアの蓄積によるものではないかと考え、研究を開始した。それまで騒音のことについての研究で、脳代謝におよぼす影響をしらべたものはそんざいしなかった。そのころ、チャット・ＧＰＴがそんざいしていれば、わたしはまず、そのような研究がそんざいするかどうか、しらべたにちがいない。

もし存在すれば、わたしは研究をとりやめなければならなかった。

脳内代謝において、グルタミン酸からアンモニアがとれてグルタミンになることなどを突き止め、脳内のアンモニア増量をあきらかにした。アンモニアは脳内細胞に有毒であり、体の障害にむすびつくことの扉をひらいた。ラットに一時間の騒音をきかせ、マイナス八〇度のアセトンに投入して、脳を抽出する作業をくりかえした。ホモジネイトした脳組織からアンモニアを測定する日がつづいた。

そして一方では論文をかくために、関係するデーターをあつめることに汗をながした。ひとつの論文にはおおくのデーターが採用されており、そのデーターにはまたおおくの論文が参考にされている。データーをとりよせるためには月をまたぐこともあり、日時を要した。

なんども見直し、教授の印鑑をもらうまでには、年余のじかんをひつようとした。こんごの論文つくりはどのように変化をするのか、注目していきたいとおもう。いままでのデーターあつめは短時間になるものとおもわれる。そこからどんな研究をするべきか、かんがえる糸口を発見することになるかもしれない。また、さきほど書いたように、研究目的を変更することもかんがえられる。いずれにしても、チャットがえいきょうすることはまちがいない。

プログラミングはもともとインターネットを利用するものであり、おどろくことはないが、人間の依頼する意図をより忠実にじつげんしてくれることになるだろう。中小企業がこれからどんなものを作ればよいかをかんがえるときに、チャットを利用することになる。しかし、どの企業もおなじことを問いかけることになるため、独自のものを目指すことができるかどうか、疑問もうまれる。

チャットへの問いかけ方が問題になるかもしれない。わずかなちがいで、回答はちがってくるのか、それともどこにもよく似た答えがよせられることになるかもしれない。多分、問いかけ方によるものとおもわれる。

「これから、どんな製品が売れるか、答えてほしい」

答「私の能力は、過去の売れる製品のデーターを分析して予測することができますが、将来の売れる製品についての具体的な予測はできません。ただし、市場ニーズに対応し、新しい技術やトレンドに基づく製品がよく売れる傾向があります。例えば、エコロジーに問題を抱える消費者の関心の高まりに応え、再生可能エネルギーの製品や環境に優しい家庭用品、または健康やフィットネスを取り入れた製品が、将来的に売れる可能性がありま す。これらのトレンドを見極めながら、市場調査や顧客のニーズを常に洞察することが、製品開発やマーケティング上の成功の鍵となるでしょう」これが二〇二三年五月時点での回答である。即時にこれだけのことがかえってくるのはみごとである。

(回答を原文のまま記載した)

「これから、どんな製品を目指すべきか、答えてほしい」

答「拡張現実（AR）や仮想現実（VR）を活用した製品に注力することが、今後のトレンドになるとかんがえられます。ARやVRを活用した製品は、顧客とのエンゲージメントを高め、顧客により良い製品体験を提供することができます。また、AI技術を組み合わせることで、顧客の好みに合わせた製品を提供することも可能になります。そのため、ARやVR技術を駆使した製品開発に力を入れ、顧客との関係性を強化しつつ、より良い製品を提供することが重要です」

わずかに数秒間でこれだけの回答がかえってくる。「」のなかの文字はそのまま書いたため、一行中の漢字はおおくなっている。

ふたつのちがいを明確に答えてくれることが判明した。これからのチャットはちがった答えをしてくれるものとおもわれる。ARやVRのことにふれ、これに関連した製品がうれることをしめしている。これをみた中小企業は、ARとは何だ、といいながら、あたらしい製品にとりくむことになる。付加価値のつけかたが変わってくることをしめしている。

いままでのプログラミングは、人間の言葉は通用しなかった。しかしチャットでは、人間の言葉でかえってくる。たいへんな成長である。しかも、日本語で返ってくればこんなに楽なことはない。さらに進んで、人間の言葉の微妙なちがいも理解できるようになれば、すばらしいことである。インターネットのむずかしい用語をおぼえるひつようもなく、AI知識に乏しい高齢者にも利用できることになる。これからの楽しみがふえることになるかもしれない。

あすの連休はどこの花見がよいか、チャットの答えはかえってくる。がん治療のすすんだクリニックはどこにあるか、答えがでる。なかでも、ステージ4のガン難民を治してくれるクリニックはどこか、知ることができる。

高齢者は苦手であるといっていたパソコンが、もっともだいじな友人になる時代が訪れた。

がん難民は六八万人ともいわれている。このひとたちを受け入れてくれるクリニックは、多数の患者がおしよせて、たいへんなことになるかのうせいがある。人工知能の進歩は、社会のしくみを変えてしまうかもしれない。国公立の病院でも、治癒率がひくいばあいには倒産にいたるところもでることになるだろう。

未来のことは予測できないと断りながら、かなりふみこんで、これからのことをのべている。今後はさらに予測の分野のことも発言するにちがいない。AIの未来は、ひとびとの考え方を先導することになりかねない。問いかける人間の思考が試されている。

AI博士にもうひとつ質問をこころみた。

「今までの病気のなかで、医療費のたかい病気はなにですか」

答。「一概にはいえませんが、以下は医療費が高いとされる病気の例です。1．がん　2．糖尿病　3．心臓病　4．脳卒中　5．悪性リンパ腫　6．悪性黒色腫　7．卵巣がん　8．結合組織疾患　9．クローン病　10．ループス　これらの病気には、様々な治療法や検査、入院などが必要な場合が多く、医療費が高額になることがあります。ただし、病気の進行具合や治療法によっても医療費の額は異なるため、一概に『これが一番高い』といいきることはできません」

即時にこれだけの答をだすことは、みごとであり、こんごが楽しみである。病名については、もっと別のものもあるようにおもわれるが、これらが高額であることはまちがいない。

さいごに、わたしが研究した騒音と脳代謝について、問いかけてみた。ＡＩ博士がしっているかどうか、胸を躍らせて聞いた。

「騒音と脳代謝、とくにアンモニア増加についての研究はあるますか」

答「はい、騒音が脳内代謝に及ぼす影響についてのいくつかの研究が行われています。特に、騒音が強くなると、脳内のアンモニア濃度が上昇することがしられています。アンモニアは脳内でさまざまな神経活動に関与しており、その増加が脳の機能に影響を与える可能性があります。一般的に、騒音が強くなると、ストレス反応が引き起こされ、これが脳内代謝にも影響を与える可能性があります」

物のみごとに、わたしの研究成果をまとめて発表してくれたのである。うれしさがこみあげると同時に、驚きを禁じ得なかった。わたしの研究は五〇年以上まえのことであり、生まれたばかりのチャトＧＰＴが、すべての研究をよく把握したものだと感心した。

わたしを指導してくれた恩師が生きていたら、さぞ喜んでくれたであろうと、おもいだしていた。ＡＩ博士に礼をいいたい。

しかし、人工知能はマイナス面もあり、政府もようやく動きはじめている。有識者会議をつくるという。機密情報がもれることはないか、著作権侵害をどのようにして防ぐか、それらにたいしてどのように対応するかが議論されるとおもわれる。その一方、プラス面についても意見をまとめることになる。これから労働力不足がおこり、生産性の低さも指摘されている。これらにどう役立つのかについても、議論はすすみそうだ。

マスコミ各社はとりあつかったニュースがどのように利用されるかについて、懸念を表明している。ニュースの真意とはちがったかたちでとりあつかわれることがあるからだ。その心配は十分にかんがえられる。

あらゆる分野にえいきょうすることはまちがいない。たいへんな時代が到来した。

と ＊相撲のおもしろさはどこにあるのか。

いつごろから、わがくににはじまったものであろうか、古事記（七一二年）や日本書紀（七二〇年）にある神話にさかのぼることができるという。力くらべからはじまったとかかれている。天覧相撲としてかかげられながらくつづき、織田信長も好んだことがかきのこされている。強いものは家臣としてかかえられた時代もあったという。江戸時代からは、相撲を職業とするものもあらわれ、しだいにルールがきめられ、現在にひきつがれているようだ。土俵入り、髪かたち、化粧まわしなど、その時代のすがたをのこしているものもおおい。

歴史はべつにして、わたしも相撲がすきで、はじまると生活があかるくなるようにおもわれる。テレビのまえにすわる時間がながくなる。場所前から調子がよいとつたえられても、本番になると逆のこともあり、一番一番の組合せは予想外のことがおおいのがおもしろいものである。不利な体勢から逆転することもおおく、結果はわからないものだということが、興味をおおきくする。最後まであきらめないものが、勝利をするところが人生につうじるものがある。

三役相撲はみどころがあるが、前頭一番から七番あたりのところにつよい力士のいる場所がおもしろい。番狂わせがおおくなり、三役をくるしめることになる。毎日のように大関がまけることは、大関にはきのどくであるが、みるひとをたのしませるところがある。ことしの三月場所（大阪場所）は横綱、大関がつぎつぎとやぶれ、みるかげをとどめていない。

横綱は途中休場することになり、さみしくはなったが、やむをえない。大関でがんばれば優勝のチャンスがまわってくることになる。ところが今回はじめて幕内にはいったばかりの力士と、二場所目のひとが全勝と一敗（九日目）をつづけており、よだんをゆるさないじょうきょうにある。あすはこの入幕したばかりのふたりの直接対決になり、新入幕で優勝するかのうせいがのこっている。連勝がつづくとつよいひとが対戦相手になるため、とくべつなつよさがもとめられる。入幕浅いふたりの特徴は、一気のよりがみごとであり、はやく勝利をすることにある。一本道という言葉がうまれているが、立会からつぎの行動がはやく、相手にわざをかける余裕をあたえない。あっというまにおしだしてしまう。きょうはどちらかが勝ち残ることになる。名前は尊富士、大の里という。

幕内上位につよい力士がそろっている。役力士と差がなく、それぞれの取組をおもしろくしている。名前がどういうわけか二文字のひとがおおく、明生、宇良、阿炎、王鵬などとつづいている。このひとたちが三文字、四文字をつぎつぎと倒しているのだ。痛快であり、それぞれの勝負をおもしろくしているのだ。名前は偶然のこととおもわれるが、おもしろい。勝ち越せば三役入りをはたすが、いつもそういうわけにはいかないので、幕内上位と三役をゆききして、やがて大関になっていくのだ。なかには大関になれずおわりをむかえるひともあらわれる。

立会が勝負をきめるといわれるが、はやく立てばよいだけではなく、相手をみてどう立つか、たちあがったあとどう動くかがじゅうようになってくるのだ。相手のうごきを計算にいれながら、それに対応した立ちかたがもとめられる。読みと技術と強さがもとめられ、それらをつうじて強さにつながってくる。予想される相手の手順をよみながら、それを最小限におさえて、こちらの攻めをおおきくするにはどうすればよいか、それが相撲の醍醐味となる。

一〇日目、ここまで全勝の力士はだんだん上位とあたるようになり、それぞれきびしさをましていく。尊富士と大の里の対戦となった。このふたりをみるためにおおくのファンがつめかけることになる。わたしもテレビにくいいるひとりとなった。結果はあっさりときまり、尊富士がおしだしで勝つことになる。幕内最後の力士がかちすすむのは、ふしぎにおもえるが、ちかごろは新人でも学生相撲からきたひともあり、経験のすくないひとがおおいばかりではない。それなりの実力者が幕内にあがってくることもあり、おもしろさがましているといえそうだ。

ことし大関になったばかりの琴の若がおちついた相撲をとっており、まだ二敗をまもっている。あすは尊富士とのとりくみになり、どちらかに土がつくことになる。優勝力士は尊富士をちゅうしんにしながら、しだいに作られていくことになり、終盤をむかえることになっていく。これからの五日間がおもしろく、たのしみである。

琴の若はそれほど立会がはやいわけではないが、立ったあとじぶんのかたちにしていくのが上手である。どっしりとかまえてあわてない。モンゴル出身者がおおいなかで、日本人としてのつよみももっており、横綱へののぞみをもたせている。祖父は横綱にまですすんでおり、また父親は大関にまでなった血筋のよさももっているのだ。あすは大の里のはげしい押しをどのようにさばくのか、おおくのひとが注目しているにちがいない。大関としてのつよさをしめしてほしいところだ。もし尊富士がかてば、初入幕連勝記録で二位となる。それはたいへんな記録になるのだ。白鵬につぐ成績で歴史にのこることになる。

一一日目注目の一番も、おもっていたよりもみじかい時間で勝負はつくことになる。尊富士が勝ったのだ。いつものように、大関は立会のあと、じぶんの態勢にもちこもうとした瞬間、尊富士の半身にかまえた突進力がまさっていた。大関は土俵をわることになる。五～六秒のできごとではなかったか。大関は表情をかえずにひきあげていったが、さぞやくやしかったにちがいない。インタビューにこたえる尊富士は満面の笑みがこぼれていた。白鵬とおなじ一一連勝になったのだから、歴史に名前がのこることになる。それだけではなく、優勝にもちかづくことになったのだ。

大の里も大関をたおして二敗をたもっているため、まだこれからの四日間における成績によってきまることになるが、入幕まもない力士の優勝するかのうせいがおおきくなってきた。大関のひとりである霧島は八敗になった。役力士がふがいないといえばそれまでであるが、それにしても初入幕連勝記録を一一にのばしたことはただごとでない。年齢は二四歳になっており、それなりの歳月をかさねていることになるが、前頭一七枚目という最後の位置にいるひとである。優勝することになれば、上下の差はなくなることになる。

尊富士はあすも大関とくまれているので、もう一番みてからだれが優勝するかをかんがえたい。

一二日目、尊富士と大の里はそれぞれ大関とたたかうことになったが、両者ともに勝つことはできなかった。尊富士は一敗となり、まだ優勝ののぞみはあるが、大の里は三敗となりそのかのうせいはすくなくなったといえる。

一三日目、気鋭の新入幕者たちは、それぞれ関脇とたたかうことになるが、みごとに立ち直りをみせていた。前日に敗れたいたみをもちつづけてはいなかった。勝ちすすんできたものには、それなりのつよさがあった。一敗と三敗を堅持したままで、あと二日をむかえることになる。土俵上の姿も堂々としたものであり、役力士におくれをとるところはなかった。三役のほうがむしろ緊張しているようにおもえた。尊富士は稽古中に背中をいためて絆創膏をはっており、いたいたしいところはあるが、相撲内容にはいたみをかんじさせない。

ＮＨＫの解説によれば、一敗力士が一三日目をすぎてから、ほかのひとに優勝をとられた歴史はないという。一四日目には尊富士はもと大関とたたかうことになる。勝つことができれば、優勝ということになる。新入幕のひとが幕内優勝するのはしばらくぶりのことである。相撲史上において、あまり例をみないことであるにちがいない。このまえにあったのは一一〇年前のことであるらしい。

一四日目、おもいがけないことがおこる。元大関の朝の山とのとりくみがおこなわれ、いままでのように力がはいらず、あっけなく後退し、敗れることになる。しかも土俵下で足がいたくて立てなくなってしまう。車椅子にのせられ退場することになる。

相撲はなにがおこるかわからない、といわれるが、現実になってしまう。どうしても足がいたみ動けなくなってしまったのか。最終日にでられないことがおこれば不戦敗となり、大の里が勝てば三敗でならぶことになってしまい、おもいがけないことになってしまう。優勝決定戦にもでられず、大の里の優勝がきまることになる。

不戦勝で優勝がきまるという、これまた歴史にのこるできごとがおこることになるのだ。最終日、尊富士は土俵にあがることができるのであろうか。観客がしんぱいするなかで時間はだんだんとせまってくる。NHKは尊富士があるいて入場したとつたえる。どうやらあるくことはできるらしい。しかし踏ん張りがきくのか、観客はかたずをのんだ。午後三時半ごろ、ようやく入場する尊富士がうつしだされた。あるきかたにはぎこちなさがあるが、しっかりと土俵にあがることはできた。左太ももの傷跡がいたいたしい。仕切りをかさね、制限時間がいっぱいとなり、両手をつく。

豪の山とのいちばんであったが、いままでほどの出足はなかったようにおもわれた。四つ相撲になってから押すいきおいがつよくなり、二度目の寄りでおしだすことができた。場内は感極まり、なにもきこえないほどになる。尊富士の笑顔がうつしだされた。歴史的勝利が実現したことになったのだ。新入幕場所優勝は一九一四年（大正三年五月場所）の両国いらいのことであり、一一〇年目の快挙となる。

「みなさんの記憶にひとつでものこりたいとおもい、必死にがんばりました」とよろこびをかたった。二四歳ではあるが、その表情はういういしい。

一五日間の相撲はおわり、楽しかった日々はおわってしまう。じぶんとのかかわりはないものの、明日がまちどおしかったことに感謝する。力士のみなさん、ありがとう。

五月場所になって、尊富士がどんなすがたをみせるかと期待をしていたところ、無理をした足がなおらず、全休になってしまったのだ。つぎの場所には十両までおちるという。相撲世界はきびしいものだとおもう。尊富士にかわって脚光をあびたのが、まえにやぶれた大の里であり、あのときに敗れたくやしさをはねのけ、十二勝三敗で優勝したのである。まえのときの尊富士につづいて、大の里はおおきな感動をあたえることになった。横綱休場で大関陣もまけることがおおく、観衆のおもいをひとりじめにしたのが大の里であり、つねに前へすすみでるすがたにおおきな拍手をおくっていた。三場所三三勝という大関への条件をクリアすることになったが、まだ小結になったばかりで、役力士としての条件をみたしていなかった。つぎの名古屋場所で優勝することになれば、めぐまれたからだと技術力から、大関のこえがかかることはまちがいない。観衆からは、ひさびさに日本人の横綱をきたいするものとおもわれる。そんな予感をいだかせるそんざいであり、大の里への期待は予想以上のものがある。

日本古来からの相撲でありながら、ここしばらくはモンゴル人に横綱の席をわたしてきたといってよい。どの場所も上位陣にはモンゴル出身者がならぶことになり、それとなくさみしいおもいをもちつづけてきたといってもいいすぎではない。それにこたえて大の里は登場したということができる。

出世がはやすぎて、まだ頭のまげをゆうことができないじょうたいであり、それがまたおおきな魅力になっている。名古屋場所ではどうなるであろうか。

名古屋場所では尊富士がどうなるかも、関心がもたれている。ニュースでは負傷が完全でないといわれている。十両からのスタートになるが、前々場所優勝の力量をみせることができるかどうか、注目があつまっている。この文章をかいている最中に、尊富士の休場がながれた。二場所つづけての休場になり、つぎにはどこまでおちるのか、十両もむずかしくなるかもしれない。残念なことになった。

ニュースのながれによれば、大関陣が今場所こそはとげんきに稽古をしているという。大関ががんばれば、大の里をくわえて、緊張したひびがつづくにちがいない。大の里が各力士にあたえたえいきょうもおおきかったということができる。観衆にもこんごへのおおきな期待をあたえ、はげますことができた。

高安がインタビューにこたえていたが、観衆によい相撲をみてもらうためには、休場することはやむをえないという。からだをととのえて、よい相撲をみてもらうようにしたいとこたえていた。それもひとつのかんがえかたであるが、安易に休場することはさけてもらいたいと念願する。がんばりすぎると、古傷がいたみはじめるので、からだにたいしてはどのていどがんばるべきかをつねにいいきかせているという。

力士にはそれなりのむずかしさがあることをおしえられた。まえの場所で大の里がさいしょにまけたのが、この高安であったことをおもいだす。時の勢いをかんじさせる力士にたいしても、それをおさえこむ強さを高安はもっていることをしめしていた。強さだけでなくうまさももちあわしているのが、この力士である。もう三四歳であるが、からだのおとろえはないという。まだ優勝経験がないので、いちど優勝させてやりたいとおおくのひとが応援している力士である。もういちばん勝てば優勝するというときに、負けるよわさもももちあわせているのだ。なんとかしてやりたいと、わたしもおもうひとりである。

霧島は大関からてんらくをして関脇になっているが、一〇勝すればつぎにはかえりざくことができる。それだけの実力はもっているので、かのうではないかとおもわれるが、高安のいう古傷がなければのはなしである。先場所ではまいにち敗北してまけこしになってしまった。おもてにでない弱さをもっているとしかおもえない。それはからだからくるものなのか、それとも精神的なものなのか。もしこころのもんだいであれば、克服してくるのではないかとおもわれる。それにしてもまけすぎたきらいがある。

そのたの大関はどうか、琴桜はあたらしいなまえになってから二場所目になり、優勝したいところであり、豊昇龍も大関になってからよい成績をのこしているが、優勝はしていない。貴景勝もかろうじて勝ちこしているところであり、大関らしい成績をあげているわけではない。いずれも大の里のそんざいを無視できないところにたっている。さらに横綱へすすむためにはおおきな壁になるかのうせいがある。ただひとり豊昇龍だけは大の里にいちどもまけていない。関脇にまでのぼりつめてきた大の里がどんな挑戦をするか、名古屋場所におけるひとつのみどころである。

おそらく終盤にとりくみがきまるものとおもわれる。豊昇龍にたいしても壁になることができれば、大関陣はすべてにむずかしい立場になることが予想される。

横綱・照ノ富士はどうか。休場がつづいてようやく出場することになるが、古傷がいたむことになれば、ふたたび休場することもかんがえられる。これまでのような強さがかんじられない昨今であり、さらに休場がつづけば退陣のこえがおおきくなるにちがいない。だれかを横綱にするひつようがあれば、いちばんちかいのは誰なのか。今場所のけっかが注目されることになる。いままでの経過からすれば豊昇龍がいちばんちかい成績をのこしてきた。そこに大の里があらわれて混戦模様となる。今場所の成績によって、優劣のきまるかのうせいがある。

名古屋場所はふたをあけてみると、初日に大関陣がそうくずれとなり、大の里もやぶれる波乱含みとなった。この場所もまたおもいがけないけっかがうまれるかのうせいがある。相撲は人生とおなじであり、一五日間に濃縮されているが、予想することが不可能なものである。これいじょうの結論は一五日後をみるいがいにない。

五日目がおわったところで筆をとりたいとおもう。前半でどんなことになっているか、興味ぶかい。

おもいがけないことがおこりつつある。大の里が三敗したことである。前場所のつよさがみられなくなって、あっさりと手をつくことがつづいた。相手からとりくちを研究されたこともあるだろう。それにしても、あのつよさはどこにいってしまったのか、ふしぎにおもえてならない。琴桜も二敗となり、貴景勝も三敗となる。

横綱だけがつよく五連勝をかさねている。勝ちつづけることがいかにむずかしいか、おもいしらされた五日間であったといえる。大の里も五日目でようやくじぶんらしいつよさをしめすことができた。中盤の五日間でどんなまきかえしをするか、たのしみである。

一〇日目をむかえ、横綱だけが連勝をつづけている。みごとなたちなおりであり、さすが横綱だといいたい。ちゅうもくの大の里は、琴桜にやぶれて五勝五敗となり、上位陣にかちこすことができるかどうかである。貴景勝は四勝六敗できびしく、霧島は五勝五敗であとがない。琴桜は二敗で横綱につづいている。どこまで横綱にせまることができるか、ちゅうもくされている。

一一日目、おおきなへんかがおきた。大の里と横綱がくまれたのであるが、おおかたの予想では横綱のつよさがまさるとかんがえられた。しかし、大の里が勝ったのである。いちどつかんだ右手をはなして、みごとにおくりだした。あざやかな勝ちかたであった。これでかちこすこともかのうかもしれない。あと四日、たがいに星をつぶしあいながら、いきのこりをかけることになる。十二日目、大の里はさらにちからをしめし、貴景勝にかつ。七勝目をあげてかちこしはかのうになるだろう。貴景勝はかちこすことはむずかしいかもしれない。霧島は一〇勝できるかもしれない。きわどいところである。琴桜は豊昇龍にやぶれて、優勝することはむずかしくなる。横綱は阿炎にかち、一一勝となる。あすにも優勝がきまるかもしれない。一三日目、豊昇龍は休場となり、大の里の不戦勝となる。

一四日目をむかえ、優勝がきまるのではないかといわれていたが、横綱が隆の勝にやぶれ、よそうがいのてんかいになった。二敗となって最終日をむかえる。3敗は隆の勝のみである。

貴景勝はまけこしとなり、来場所は大関でなくなる。霧島も七敗となり、大関に復帰はできない。あたらしく三役になった力士はそれぞれちからをだしている。阿炎八勝、平戸海九勝、大の里はあすをまちたいが、一〇勝になるかのうせいがある。三役も新旧いれかわるときをむかえているようだ。

千秋楽をおわってみると、優勝は横綱であり、よそくされたとおりにおちついたことになった。しかし、優勝決定戦までもつれこみ、隆の勝の健闘がかがやいた。この場所では

と＊相撲のおもしろさはどこにあるのか。

どのひとがかつやくするかをよそくすることはむずかしく、隆の勝のかつやくをとりあげたひとはだれひとりいなかった。人生もおなじで、おもいもかけなかったひとが健闘することがあり、逆にきたいされながらうかばないひともうまれるものである。一五日間に濃縮されていておもしろい。ひとつまけるとまけつづけるひとがある。あいては毎日かわるのであり、一番、一番違うようにおもわれるが、どうもそうではないらしい。まけるときのやりとりにはそれなりの悪いくせがあるらしい。人生にもそんなことがあるかもしれない。うまくいかないときは、なにをおこなっても失敗がつづくことがある。うでののばしかたひとつをとっても、じぶんにはプラスになり、あいてはマイナスになるうごきがうまれる。そんなうごきがいくつかくみあわされ、つよさがうまれているらしい。それはかんがえてできることもあるが、無意識のうちに瞬間的におこなわれることもあるらしい。力士はそれを稽古のけっかであるという。

横綱と隆の勝のいちばんでも、右手がのびて、のどわがきくことになり、横綱のからだがのけぞった。あのうでののびによって横綱はやぶれたといえる。横綱のよわさはそんざいしないとかんがえられていたが、やはりよわいところもあったのだ。隆の勝はいままでにもなんどか照ノ富士にかっている。横綱のよわさをしっているということができる。

３．自然環境と人にめぐまれたなかで。

相撲のおもしろさはそんなところにそんざいする。じぶんにはプラスでも、あいてはえいきょうされないこともある。そんなうごきを瞬時にみわけられる能力がもとめられている。それは生命力にちかいものであるかもしれない。からだをまもるちからにつうじている。あいては弱点となり、じぶんの力点をのばす生命力のはっけんこそ、相撲の神髄ということができる。

つぎの一五日間のおとずれがまちどおしい。

おわりの言葉。

卒寿をむかえて、したためた四冊目ができあがり、安堵しているのが現実である。しかしながら、その内容を読み返してみるとき、日本のかかえる問題はあまりにもおおきく、放置できない状況にある。

わたしひとりの問題ではなく、国全体のことではあるが、なにもいわずに看過できない。とくに赤字国債の問題と台湾有事にたいするかかわりかたは、日本の存亡を左右することになりかねない。

したがって、未熟な知識ではあるが、この愚著の中心的なないようとして書きとめたつもりである。国内的には赤字国債の問題を、これ以上放置できない時期にきており、はやく解決しなければならない。

国際的には台湾問題が、同時進行することになり、こちらも日本にとっては重大な問題である。ロシアのウクライナ侵攻にたいしては、欧米先進国と足並みをそろえたにもかかわらず、台湾有事においては別行動をとることはできない。民主主義国家・地域をまもる立場をとるのは当然である。アメリカは日本の基地使用を前提にかんがえており、「日本が要である」とのかんがえかたが有力である。台湾有事はおこらないまでも、対応におおきなエネルギーをひつようとする。

しかし日本は、憲法改正をどうするか、といった入口論にたち、ふみこんだ議論は行われていない。国民によく理解をもとめなければならないことである。

この四冊目ではじめて採用したのが、ひらがなを主体とした文章であり、一行中の漢字数を制限した。読みづらいところもあり、おなじ言葉でも、その場所により漢字でかいたものと、ひらがなでかいたものがあり、読むひとからは疑問におもわれることもあったにちがいない。試し読みをしてもらったひとからも、そんな指摘をうけた。しかしわたしは、ひらがな主体の文章をとりいれて、むずかしいいいまわしをすくなくした。漢字を制限したがゆえに、いいまわしに苦労したところもあり、てきとうな言葉のみつからないことにも遭遇した。いままでどれほど漢字にたよっていたかが理解できたところである。それだけいいかたに注意をしてこなかったということもできる。

ひらがなだけのぶんしょうをかいてみると、ふだんからつかっていることばをだいじにして、いいかたをかんがえないといみがつうじないことがわかる。よみやすくするために、くどくてんをおおくしてきりぬけたところもある。かんじのもついみにたより、かるがるしいぶんしょうにしてきたことに、はじめてきづいたところがおおかった。

したがって、どのかんじをとりいれるか、なんどもかんがえたところであり、あとでみると、とりいれたかんじにはめいしとどうしがおおく、ものごとのせつめいをすることばは、とりいれないことがおおかった。こんごはもっとひらがなをおおくしたぶんしょうをこころみるつもりである。

卒寿をむかえて、これからどう生きるかをかんがえ、思いをしたためた。どうか、みなさんのご意見をうかがいたい。

坂口　力（さかぐち・ちから）●プロフィール

三重県出身。医師・医学博士。初代厚生労働大臣。元衆議院議員。
東京女子医科大学顧問。日本先進医療臨床研究会・顧問。
三重県立大学(現国立大学法人三重大学)大学院医学研究科修了後、
三重県の無医村・宮川村の僻地診療に従事。
その後三重県赤十字血液センターに勤務し副所長として献血事業の充実に尽力する。
国会議員となり三重県式の献血事業を全国に普及させた他、
厚生労働大臣時代にハンセン病患者の隔離政策の間違いを認め、
時の総理大臣・小泉純一郎氏に進言して日本国政府として初めて上告を断念させる。
ＢＳＥ感染牛の問題で国民の安心のために全頭検査を実施。
新型コロナウィルスＳＡＲＳの感染拡大を水際作戦で防止するなど
多くの功績を残す。
１００年安心の年金プランの立案でも有名。
著書に『タケノコ医者—差別なき医療をめざして』（光文社)、『タケノコ大臣奮戦記—温かい心を持った厚生労働政策を求めて』（中央公論新社)、『日々挑戦』（健療出版)、『さらば米寿』（健療出版）などがある。

一般社団法人 日本先進医療臨床研究会●プロフィール

「ガンと難病と老化をなくし、健康長寿・生涯現役」の世界の実現を目指して、医師・歯科医師を中心に、医療従事者、医療・健康関連企業、研究者、および、志ある一般の方たちから構成される研究会。
現在の標準的な治療法では完治が難しい様々な疾患に対して、
最先端医学から伝統療法まで、様々な治療法とその組み合わせを
医師と患者の同意のもとで実際の治療で効果を試し、
症例報告の集積によって治癒・改善・再発防止の効果を検証しています。
また、ガン・心臓病・脳卒中・自己免疫疾患・神経変性疾患など
様々な病気の状態を測るマーカー検査の検証も行っています。

ようこそ卒寿

2024 年 9 月 30 日　初版発行

著　　者　　坂口　力
協　　力　　日本先進医療臨床研究会
発 行 人　　小林平大央

発 行 所　　健療出版／株式会社健康長寿医療維新
〒 194-0215 東京都町田市小山ヶ丘 6-1-217
電話：042-625-1841
印刷·製本　　株式会社エデュプレス